PERIPL Pocke
INDON ___ ⌐IAN
Dictionary

Compiled by
Zane Goebel & Junaeni Goebel

PERIPLUS

Published by Periplus Editions (HK) Ltd.

www.periplus.com

Copyright © 2002 Periplus Editions (HK) Ltd.

LCC Card No. 2005297541
ISBN 978-0-7946-0042-6

Printed in Singapore

Distributed by:

Indonesia
PT Java Books Indonesia
Jl. Rawa Gelam IV No. 9
Kawasan Industri Pulogadung
Jakarta 13930
Tel: (62) 21 4682-1088; Fax: (62) 21 461-0206
Email: cs@javabooks.co.id

Asia Pacific
Berkeley Books Pte Ltd
61 Tai Seng Avenue #02-12
Singapore 534167
Tel: (65) 6280 1330; Fax: (65) 6280 6290
Email: inquiries@periplus.com.sg
www.periplus.com

Japan
Tuttle Publishing
Yaekari Building, 3rd Floor,
5-4-12 Osaki, Shinagawa-ku,
Tokyo 141-0032
Tel: (81) 3 5437 0171; Fax: (81) 3 5437 0755
Email: tuttle-sales@gol.com

North America, Latin America & Europe
Tuttle Publishing
364 Innovation Drive
North Clarendon, VT 05759-9436 U.S.A.
Tel: 1 (802) 773-8930; Fax: 1 (802) 773-6993
Email: info@tuttlepublishing.com
www.tuttlepublishing.com

13 12 11 10   11 10 9 8 7

Contents

Introduction

This Pocket Dictionary is an indispensable companion for visitors to Indonesia and for anyone in the early stages of learning Indonesian. It contains all the 3,000 or so Indonesian words that are most commonly encountered in colloquial, everyday speech.

For the sake of clarity, only the common Indonesian equivalents for each English word have been given. When an English word has more than one possible meaning, with different Indonesian equivalents, each meaning is listed separately, with a clear explanatory gloss. The layout is clear and accessible, with none of the abbreviations and dense nests of entries typical of many small dictionaries.

Indonesian (Bahasa Indonesia) has been the official language of Indonesia since the Declaration of Independence in 1945, and at the present day is in use by nearly 200 million people. For most of them it is used alongside regional languages such as Javanese, Sundanese, and Balinese, but there is a growing proportion for whom Indonesian is the primary language of daily communication.

Indonesian is essentially a standardized form of Malay, originally found in the western part of the archipelago and spread via trade routes over the centuries. A slightly different form, with some variation in grammar and especially in vocabulary, has been standardized as the national language (Bahasa Melayu) of Malaysia.

Written records of Malay date from the 7th century CE in the form of inscriptions on the island of Sumatra, and there was a flourishing literary tradition from the 14th century.

Indonesian/Malay is a member of the Western Austronesian group of languages. It is fairly closely related to Filipino, the national language of the Philippines based on the dominant local language Tagalog. It has more distant connections with New Zealand's Maori language and the other Eastern Austronesian languages of Hawaii, Fiji, Samoa and Tonga.

Indonesian is written in the roman alphabet and unlike many other languages of South-East Asia is not tonal. Indonesian words do not have a heavy stress accent, and sentences should be pronounced smoothly and evenly. If there is a stress within a word, it falls on the second last syllable, never the last.

A striking characteristic of Indonesian is the use of a system of verbal derivation. Derived forms of verbs are often made of root words plus prefixes and/or suffixes such as mem-, ber-, -an, -i, particularly in more formal speech and in written Indonesian.

For instance, the word 'to take' in Indonesian is membawa (made up of the root form bawa + the prefix mem-). However, for daily conversations, using only the root form is acceptable. Therefore, you could use the word bawa instead of membawa to translate 'to take'.

In this dictionary Indonesian verbs are always listed alphabetically according to their simple root forms. This root is then followed by common affixed forms with the same meaning, if any. Complex verb forms with prefixes and suffixes attached are given only in cases where these are commonly found in colloquial speech.

A noun is sometimes made of a root form plus a prefix or suffix such as me-, pe-, -an, for example: root form layan 'to serve', pelayan (prefix pe-) 'person who serves (waiter, porter, etc)', pelayanan (prefix pe-, suffix -an) 'service'. In this dictionary nouns derived from root forms through the addition of prefixes and suffixes are always listed separately from their root words.

In contrast to this apparent complexity, from the point of view of speakers of English, Indonesian is considerably simpler than many European languages in having no system of verbal tenses, no morphological plural forms, no verb 'to be' and no definite or indefinite articles. (Of course all of the associated concepts may be expressed in other ways: relative time is indicated by the use of adverbs such as kemarin ('yesterday'), sudah ('already'), nanti ('later'), akan ('will') and belum ('not yet'), the plural form is sometimes indicated by repeating the noun, and the addition of -nya to the end of a word gives a sense of definiteness.)

A number of words in modern Indonesian have been borrowed from English, and these have generally been omitted from the Indonesian-English section of the dictionary, as they are easily understood by most speakers of English.

Pronunciation and Spelling Guide

To learn to pronounce the language correctly, ask a native speaker to read aloud some of the examples given in this section. Then try to imitate his or her pronunciation as accurately as you can. Be aware, however, that there are many dialectical variations in Indonesian, some producing very strong accents. Stress also varies from region to region. In Sumatra (and incidentally among the Malays of Malaysia) stress is generally placed on the penultimate syllable, whereas the Javanese and many other Indonesians stress the final syllable of a word.

Unlike English, the spelling of Indonesian is consistently phonetic. Many people say the pronunciation is similar to Spanish or Italian.

Consonants

Most are pronounced roughly as in English. The main exceptions are as follows:

c   is pronounced "ch" (formerly spelled "tj")
  cari to look for, seek   *cinta* to love

g   is always hard, as in 'girl'
  guna to use   *gila* crazy

h   is very soft, and often not pronounced
  habis ⇒ *abis* finished   *hidup* ⇒ *idup* to live
  suda*h* ⇒ *suda* already   *mudah* ⇒ *muda* easy
  lihat ⇒ *liat* to see   *tahu* ⇒ *tau* to know

kh   is found in words of Arabic derivation, and sounds like a hard "k"
  khabar news   *khusus* special

ng   is always soft, as in 'hanger'
  dengar to hear   *hilang* lost

ngg   is always hard, as in 'hunger'
  ganggu to bother   *mangga* mango

r   is trilled or rolled, as in Spanish
  ratus hundred   *baru* new

Vowels

As in English, there are five written vowels (a, e, i, o, u) and two diphthongs (ai, au):

a   is very short, like the "a" in 'father':

satu one	*bayar* to pay

e   is usually unaccented, like the "u" in 'but':

empat four	*beli* to buy

When stressed, or at the end of a word, however, "e" sounds like the "é" in 'passé':

desa village	*cabe* chili pepper

i   is long like the "ea" in 'bean':

tiga three	*lima* five

o   is long, as in 'so':

bodoh stupid	*boleh* may

u   is long like the "u" in 'humor':

tujuh seven	*untuk* for

au   is like the "ow" in 'how':

atau or	*pulau* island

ai   is pronounced like the word 'eye':

pantai beach	*sampai* to reach

Indonesian–English

A

abad century
abang older brother
abu-abu gray
acara program
acé air conditioning
ada to be; to exist; to have;
  to own
adat custom; tradition;
  culture
adik younger brother or
  sister
adil just; fair
adpokat lawyer
aduh! goodness!;
  oh dear!
agak rather
agama religion
agama Buda Buddhism
agama Islam Islam
agama Kristen Christianity
agama Tao Taoism
agar in order that; so that
agen agent
ahli expert
air water
air matang boiled water
air minum drinking water
air panas hot spring
air terjun waterfall
ajak, mengajak to invite;
  to ask along
ajar, mengajar to teach
akan shall; will;
  would
akan tetapi however
akar root
akhir last; end
akhirnya finally
akhir minggu end of week;
  weekend

akibat result
aku I (informal)
akui, mengakui to admit;
  to confess
alam nature
alamat address
alamat email email address
alasan reason
alat tool; utensil; instrument
alat listrik electrical appliance;
  electrical tool
alat potret camera
alat tulis stationery
alis mata eyebrow
alkohol alcohol; liquor;
  spirits
alun-alun town square
alus refined; polite
aman secure; safe
amat really (very); such
  (quantity)
ambil, mengambil to take;
  to fetch
Amerika Serikat America
amplop envelope
ampun forgiveness; mercy
ampuni, mengampuni to
  forgive
anak child
anak kandung child
  (offspring)
anak laki-laki son
anak perempuan daughter
ancam, mengancam
  to threaten
anda you (unfamilar, formal,
  polite)
aneh strange
anggota member
anggur grape;
  wine
angin wind

A

angin topan storm;
  typhoon
angka figure (number)
angkat, mengangkat to lift;
  to raise up
angsa goose
anjing dog
antar, mengantar to deliver;
  to guide; to lead
antara among;
  between
anting-anting earrings
antri to stand in line;
  to queue up
antrian queue; line
anyep bland
apa? what?
apa kabar? how are you?
apa saja anything
apartemen apartment;
  flat
apel apple
api fire
apotik pharmacy
arah direction
arak alcohol; spirits; hard
  liquor
arsitektur architecture
arti, berarti meaning;
  to mean
asal, berasal origin; to
  originate
asal tidak berat within reason;
  as long as not too difficult
asam sour
asam manis sweet and sour
asap smoke
Asia Asia
asin salty
asing foreign
asli indigenous; original
atap roof
atas above; upstairs
atau or; either...or
atur, mengatur to arrange;
  to organize
aturan rules

Australi(a) Australia
awas! be careful!; look out!
awas kalau tidak or else (do
  something or else)
ayah father
ayam chicken;
  poultry
ayo come on;
  let's go
ayunan swing

B

babi pig
baca, membaca to read
badan body
bagaimana? how?
bagasi baggage
bagi to divide;
  to share
bagian bit (part)
bagian yang dalam deep
  (location)
bagus good; lovely (things)
bagus sekali very good;
  wonderful
bahagia happy
bahan material; ingredient
bahasa language
bahaya danger; dangerous
bahu shoulder
bahwa that (introduces a
  quotation or a subordinate
  clause)
baik good; fine (okay);
  lovely (person)
baik...maupun both...and;
  neither...nor
baik...maupun...tidak nor
bajai three-wheeled minicar
baju shirt
baju dalam vest; undershirt;
  singlet
baju santai dressing gown
baju tidur nightclothes;
  nightdress

B

bakar, membakar to burn; to roast; to toast
bakso meatball
balas, membalas to answer (a letter); to respond; to retaliate
balasan reply; response
balik to turn over; to go back
balpoin ballpoint
balut bandage
bandara airport
banding, dibanding compared to
bandingkan, membandingkan to compare to
bangga proud
bangsa nationality; people
bangun, membangun to awaken; to build
banjir to be flooded; flood
bantah, membantah to argue
bantal pillow
bantu, membantu to help
banyak many; much
bapak father
bar bar (serving drinks)
barang thing; item; object
barang antik antiques
barang-barang perhiasan jewelry
barang-barang pribadi personal belongings
barangkali probably; perhaps
barang milik possession
barat west
barat-daya south-west
barat-laut north-west
baru new; just now
basah wet; damp
batal, membatalkan to cancel
batang stick; pole
batas edge; boundary

batu stone; rock
batuk cough
bau smell; odor (bad)
bawa, membawa to carry
bawah below; downstairs
bawang onion
bawang putih garlic
bayam spinach
bayang shadow
bayangkan, membayangkan to imagine
bayar, membayar to pay
bea cukai customs duty
bebas free; unrestrained
bebek duck
beberapa some; several
becak pedicab
beda, berbeda to differ; to be different; difference
begini thus; so; like this
begitu thus; so; like that
bekerja to work
beku frozen
belajar to study; to learn
belakang behind
belanja to shop; to go shopping
belas teen
beli, membeli to buy
belok to turn
belum not yet
bemo jitney; minivan; pickup (Bali)
benang thread
benar true
benci, membenci hate, to hate
benda object (thing)
bendera flag
bengkel garage (for repairs)
bensin petrol; fuel; gas
benteng fortress
bentuk, membentuk shape; to form
benua continent

B

beracun poisonous
berak to shit; to defecate
berangkat to depart
berani brave
berantakan in a mess
berapa? how many?;
how much?
berapa lama? how long?
beras uncooked rice
beras ketan sticky rice
berat heavy
berbatuk to cough
berbintik-bintik spotted
(pattern)
bercanda to joke
berdiri to stand; to stand up
beres solved; arranged;
okay
bereskan, membereskan to
solve; to arrange
bergaris-garis striped
bergurau to joke
berharga to be worth
berhasil to manage (succeed)
berhenti to stop;
to cease
beri, memberi to give;
to present
berikut next;
following
berikutnya the next;
the following
berita news
berjalan-jalan to travel
berjanji to promise
berjumlah altogether;
in total; to add up to
berkelakuan baik to behave
oneself; well-behaved
berkeliling to go around
berkembang to develop;
to expand; to grow up (child)
berkilat shiny
bermurah hati generous
bernilai to be worth
berpendapat to think (have an
opinion)

berpidato to make a speech
berpisahan apart; to be
separated
berpola patterned
bersalah wrong; guilty (of a
crime)
bersama together
bersenang-senang to have
fun
bersih clean
bersihkan, membersihkan
to clean
bersin sneeze
bersulam embroidered
**bertamaysa sambil melihat-
lihat** sightseeing
bertambah berat to gain
weight
bertengkar to quarrel
berterima kasih grateful
berubah to change
beruntung lucky
besar big
besar sekali huge
besarkan, membesarkan to
enlarge
beserta together with
besi metal; iron
besok tomorrow
betul true; correct;
repaired
betulkan, membetulkan to
repair; to fix
bh ("bay-ha") bra
biar! forget about it!
biarkan, membiarkan to
allow; to let alone; to leave be
biasa usual; regular; normal
biaya cost; expense;
fee
bibi aunt
bibir lips
bicara, berbicara to speak;
to talk
bijaksana reasonable
(sensible); wise
biji seed

biji kemaluan testicles
biji wijen sesame seeds
bikin, membikin to make
bilang to say; to count
binatang animal
binatang peliharaan pet animal
bingung, membingungkan puzzled; confused, confusing, to confuse
bintang star
bioskop movie theater
Birma Burma
biru blue
bis bus
bisa to be able to; can
bisket sweet biscuit; cookie
blus blouse
bocor to leak; to have a hole
bodoh stupid; ignorant
bohong to make up a story; to tell a (white) lie
bola ball
bola basket basketball
boleh to be allowed to; may
boleh memilih optional
bon bill
bongkar to break apart; to unpack; to disassemble
borong, memborong to buy up
bos boss; manager
bosan to be bored
bosankan, membosankan to bore
botak bald
botol bottle
brokoli broccoli
buah fruit; piece
buah kiwi kiwi fruit
buah pelir testicles
buang, membuang to cast out; to throw away
buang air besar to defecate
buang air kecil to urinate
buat for

buat, berbuat, membuat to do; to make
buatan product of; artificial
buat apa? what for?
bubur porridge
budaya culture
bujangan single (not married)
buka, membuka to open
buka baju to take off clothes; to get undressed
bukan not; none
bukit hill
bukti proof
buktikan, membuktikan to prove
buku book
buku catatan notebook
buku harian diary; daybook; journal
bulan month; moon
bulat round (shape)
bumi the Earth
buncis green beans
bunga flower; interest (on loan)
bungkus to wrap; package
buntut rear; tail
bunuh, membunuh to kill
bunyi, berbunyi sound; to make a noise
bunyikan to make a sound with something (e.g. bell)
buru-buru hurry up!; in a hurry
buruk sekali terrible (situation)
burung bird
busuk rotten; off (gone bad)
buta blind
butut worn out (clothes, machine)

C

cabai (= cabé) chili pepper
cabang branch

C

cacat defect; handicap
cagar alam nature reserve
cahaya rays
caisin Chinese cabbage
cakap to speak; handsome; pretty
campur mixed; to mix
candi ancient temple; ruins
cangkir cup
cantik beautiful (of women)
cantumkan to mention; to include (in writing)
cap brand
capai, mencapai to reach; to attain
capai (= capé) tired; weary; worn out
cara way
cari, mencari to look for
carry minibus
cat paint
catat, mencatat to note down
catatan notes
catur chess
celaka bad luck; accident; disaster
celana pants
celana dalam briefs; underpants; panties
celana panjang trousers; long pants
celana pendek shorts (short trousers)
cemburu jealous; envious; envy
cemerlang bright color
cepat fast; quick
cepatan hurry up!
cerah clear (of weather); sunny
cerai divorced
cerdik clever
cerewet fussy; sharp-tongued; talkative
cerita story
cermin, mencerminkan mirror; to reflect

cerutu cigar
cetak, mencetak to print; to score (a goal)
cicip(i), mencicip(i) taste; to sample
cincin ring (jewelry)
cinta, mencintai love; to love
cita-cita goal; ideal
cium, mencium to kiss; to smell (something with nose)
coba, mencoba to try; to try on
coblos to perforate; to punch (a hole in a piece of paper); to vote
cocok fitting; suitable; appropriate
coklat brown
colokan listrik plug (electrical)
colt minibus
contoh sample; example
copet to pickpocket; a pickpocket
cuaca weather
cuaca yang kurang bagus/cerah dull weather
cuci, mencuci to wash; to develop (a film)
cuci piring to wash dishes
cucu grandchild
cucu laki-laki grandson
cucu perempuan granddaughter
cuka vinegar
cukup enough
cukur to shave
cuma merely
cumi-cumi squid
curang to cheat
curi, mencuri to steal
curiga to suspect

D

dada chest; breast
daerah region; district

daerah pedesaan country (rural area)
daftar to register; a list
dagang business
daging meat
daging ayam chicken meat
daging babi pork
daging biri-biri mutton; lamb
daging kambing goat meat
daging sapi beef
dagu chin
dahi forehead
dalam inside
dalang puppeteer
damai peace
dampak effect (result)
dan and
dana funds
danau lake
dangkal shallow
dapat, mendapat to get; to reach; to attain; to find; to succeed; to be able
dapur kitchen
darah blood
darat, mendarat land; to land
dari from; of
dari kayu wooden
dari mana? hello; where did you just come from?
daripada than; instead of
darurat emergency
dasar basis
dasi necktie
datang to arrive; to come
datang bulan to menstruate; period
datang kembali to come back
datar flat (smooth)
daun leaf
daya force
debu dust
dekat near

dekati, mendekati to approach
delapan eight
delapan belas eighteen
delapan puluh eighty
demam fever
demi for
demikian like that
demikian juga likewise
denda fine (punishment)
dendeng meat jerky
dengan with
dengan cepat quickly
dengan sesal regrettably
dengar, mendengar to hear
dengarkan, mendengarkan to listen to
depan front; next
departemen department
derajat degrees
desa village
desak to urge; to push
dewa god
dewasa adult
di in; at; on
di- (used in the passive form of verbs)
di atas on top of; above; upstairs
di bawah below; underneath; downstairs
di depan in front of; at the front; opposite
di jalan on the way; on the road
di luar outside; outside of
di mana? where?
di mana-mana everywhere
di muka in front of; at the front; opposite
di rumah at home
di samping beside
di sana over there (far away)
di situ over there
dia he; she; it; him; her
diagonal diagonal

D

dialek dialect
diam, berdiam silent; to be silent
diawetkan cured; preserved (foods and other goods)
dibagi to divide
dibandingkan dengan compared with
didik, mendidik to educate
didinginkan chilled
dihatsu minibus
dilarang to be forbidden
dinas (government) service
dingin cold
dipan sofa (couch)
dipanggil called (name)
direktor director
diri, berdiri self; to stand; to stand up
dirikan, mendirikan to build; to establish
disket diskette
diskon discount
doa prayer
dokar cart
dompet wallet
dongeng legend
dorong, mendorong to push
dosen university lecturer
dua two
dua belas twelve
dua kali lipat double (two times)
dua puluh twenty
dubur anus
duda widower
duduk to sit; to sit down
duit money (slang)
dukacita sorrow
dulu first; beforehand; in the past
dulunya used to do something
dunia world
dunia sandiwara theater (drama)
duta ambassador; emissary

E

ekor tail
ekspor, mengekspor export; to export
elektronik electronic
email (message) email
emas gold
ember bucket
empat four
empat belas fourteen
empat persegi panjang rectangle
empat puluh forty
enak tasty
enam six
enam belas sixteen
enam puluh sixty
encer thin (of liquids)
engkau you (familiar, friend, same status)
erat closely related; connected
Eropa Europe
es ice
es krim ice cream
eskalator escalator
esok hari the following day
eyang grandparents

F

faks fax (machine)
film film (movie, camera)
foto photograph

G

gabung to join together
gading ivory
gadis girl
gado-gado vegetable salad with peanut sauce
gagah strong; dashing; well-built

H

gagal to fail
gajah elephant
gaji wages; salary
galak fierce
gambar picture; drawing; image
gambarkan, menggambarkan to draw; to describe
gampang easy
gang lane; alley
ganggu, mengganggu to disturb; to bother
gangguan disturbance
ganja marijuana
ganti, menggantikan to change; to replace; to switch
ganti pikiran to change one's mind
gantung to hang
garam salt
garis line
garpu fork
gaya style
gayung ladle; dipper
gedé banget huge
gedung building
gelang bracelet
gelanggang arena
gelap dark
gelar title; degree
gelas glass
gema echo
gemar to fancy; to be a fan of
gembira, mengembirakan excited; happy; rejoicing
gempa bumi earthquake
gemuk fat; well-built; stout
gerak, bergerak to move
gerak gerik gesture
gerak tangan gesture with hand
gerakan movement
gereja church
geretan lighter (cigarette)
giat active

gigi teeth
gigil, menggigil to shiver
gigit, mengigit to bite
gila crazy; insane
ginjal kidney
golf golf
golongan class; category
gorden curtains; drapes
goreng fried
gosok to scrub; to brush; to iron
goyang to swing; to shake
gua cave
gugur wilt; to fall (leaves); to die prematurely (in battle, before birth)
gula sugar
gula-gula confectionery; candy; sweets
gulai spicy soup
guling to rotate; a bolster pillow
guna, berguna to be useful
guna-guna magical spells
gunakan, menggunakan to make use of
gunting scissors
gunung mountain
gunung api volcano
guru teacher
gurun pasir desert (arid land)

H
habis gone; finished
habiskan, menghabiskan to finish off
hadapi, menghadapi to face; to confront
hadiah gift
hadir to attend; present (here)
hadirin attendees
haid to menstruate; period
hak rights

H

hak asasi manusia human rights
hal topic
hal kecil minor (not important); small matter
halaman page
halaman yang dikelilingi tembok courtyard
halang to bar (the way)
halo hello; hi
halus refined; well-mannered
hambat, menghambat to hinder
hambatan hindrance
hamil pregnant
hampir almost; nearly
hampir tidak barely; hardly
hancur destroyed
hancurkan, menghancurkan to destroy
handuk towel
hangat warm
hantu ghost
hanya only
harap, berharap to hope
harapkan, mengharapkan to expect
harga cost
hari day; day of the week
hari depan in future
hari ini today
harus to be necessary; to have to (must)
hasil, berhasil result; to produce (manufacture); to succeed
hasilkan, menghasilkan to produce
hati heart; liver
hati-hati! be careful!; cautious
haus thirsty
hebat great; formidable
hemat economical
hendak to intend to
henti, berhenti to stop

heran surprised
hiasan ornament; decoration
hiasan kepala headdress
hidangan dish (particular food)
hidung nose
hidup to live
hijau green
hilang to lose; lost
hilangkan, menghilangkan to get rid of
hinaan, menghina insult; to insult
hitam black
hitung to count
hobi hobby
hormat respect
hotel hotel
hubungan contacts
hubungi to contact
hujan rain; to be raining; shower of rain
hukum law
huruf character (written)
hutan forest; jungle

I

ia (= **dia**) he; she; it
ibu mother
idé idea
ijin permit; license
ijinkan, mengijinkan to permit
ikan fish
ikan hiu shark
ikat to tie; handwoven textiles
iklim climate
ikut, mengikuti to follow along; to go along
ilmu science; knowledge
imbang equal
impor, mengimpor import; to import
indah beautiful (of things, places)

Indonesia Indonesia
ingat, mengingat to remember
ingatkan, mengingatkan to remind
Inggris England
Inggris bagian Wales Wales
ingin, berkeinginan to wish
ini this
intan diamond
interlokal long-distance telephone call
internasional international
inti essence; core
ipar brother-in-law; sister-in-law
iri envy; envious; jealous
Irlandia Ireland
isap, mengisap to inhale; to suck
isi, mengisi to fill
isolatif tape (adhesive)
isteri wife
istimewa special
istirahat rest
itu that

J

jadi, menjadi therefore; to become
jadwal schedule; timetable
jaga, menjaga to guard
jagung corn
jagung manis sweetcorn
jahat wicked
jahé ginger
jahit, menjahit to sew
jaket jacket; coat
jalan to walk; to function; street; road
jalan-jalan to go out; to go walking
jalan kaki on foot
jalur lane (of a highway)
jam hour; o'clock

jam berapa? what time?
jambangan bunga vase
jamin, menjamin to guarantee; to assure
jaminan guarantee; assurance
jamur fungus; mushrooms
janda widow; widowed
jangan do not!
jangan begitu! stop it!
jangan nakal! don't be naughty; behave!
janggut beard
jangka period (of time)
janji, berjanji appointment; promise; to make a promise
jantung heart
jarak distance
jarang rarely; seldom
jari finger(s)
jari kaki toe(s)
jaring net
jaringan email email system
jarum needle
jas suit coat; jacket
jas panjang overcoat
jasa service
jatuh to fall
jatuhkan, menjatuhkan to drop
jauh far
jawab, menjawab to answer; to reply
jawaban answer; response
jelas clear
jelaskan, menjelaskan to clarify
jelek bad; ugly
jembatan bridge
jemput, menjemput to pick someone up
jemur to dry out
jendela window
jenis type; sort
Jepang Japan
jeruk orange; citrus

J

jeruk lemon lemon
jeruk nipis lime
jika if; when
jikalau if; when
jinak tame
jingga orange (color)
jiwa soul
jorong oval (shape)
jual, menjual to sell
juara champion
judi, berjudi to gamble
judul title of book or article
juga also; as well
jujur honest
Jumat Friday
jumlah amount; total
jumpa, berjumpa, menjumpai to meet
juru bahasa interpreter
jurusan direction
justru opposite (on the contrary)
juta million

K

kabar news
kabut fog; mist
kaca glass; mirror
kacamata eyeglasses; spectacles
kacang bean; peanut
kacang hitam black beans
kacang merah kidney beans
kacang peas peas
kacau confused; messy
kadang-kadang sometimes; occasionally
kado present
kain cloth; fabric; textile
kakak older brother or sister
kakek grandfather
kaki leg; foot
kaku stiff

kalah to lose; to be defeated
kalahkan, mengalahkan to defeat
kalau if; when; what about?; how about?
kali times; occurrences; river
kalimat sentence
kalung necklace
kamar room (in building)
kamar kecil restroom
kamar mandi bathroom
kamar tidur bedroom
kambing goat
Kamboja Cambodia
kamera camera
kami we (excluding the addressee); our (when following object)
Kamis Thursday
kampung village; hamlet
kamu you (familiar, friend, same status)
kamus dictionary
kanan right
kangkung a kind of spinach
kantong pocket
kantor office
kantor pos post office
kapal ship
kapal feri ferry
kapan? when?
kapan saja whenever
kapas cotton
kapri snowpeas
karang, mengarang coral; to write
karangan article; essay
karcis ticket (transport, entertainment)
karcis pulang return ticket
karcis untuk satu arah saja one-way ticket
kardus cardboard
karena because
kartu card

K

kartupos postcard
karyawan staff
kasar coarse; rude
kaset cassette
kasih to give; love
kasur mattress
kata, berkata word;
  to say
kaus t-shirt
kaus dalam undershirt;
  vest
kaus kaki socks
kawan friend
kawat wire
kawin to be married
kaya rich; wealthy
kayu wood
ke to; towards
ke mana saja anywhere
ke suatu tempat to have been
  somewhere
keadaan situation (how things
  are)
keadaan sekeliling
  surroundings
keadaan sekitar surroundings
kebangsaan nationality
kebencian hatred
keberangkatan departure
keberatan to mind (be
  displeased)
kebetulan actually; as it
  happens; really (in fact)
kebiasaan used to
  (accustomed)
kebudayaan culture
kebun garden
kebun binatang zoo
kebun raya botanical gardens
kecap (manis) (sweet) soy
  sauce
kecelakaan accident
kecewa disappointed;
  upset
kecil small
kecil sekali tiny; very small
kecuali except for; unless

kecut sour
kedua second
kegiatan activity
kehangatan warmth
  (temperature)
kejadian incident;
  occurrence
kejam harsh; tight; cruel
kejar, mengejar to chase
keju cheese
kejut, terkejut surprised;
  startled
kelahiran birth
kelambatan delayed (late)
kelambu mosquito net
kelamin sex; gender
kelapa coconut
kelaparan famine; to be
  undernourished
kelebaran width
kelenteng Chinese temple
kelihatannya to look (seem,
  appear)
keliling around; to go around
kelilingi, mengelilingi to
  encircle; to go around
keliru wrong (mistaken)
kelompok group
keluar to go out; exit
keluarga family; relatives
keluarkan, mengeluarkan to
  spend; to put out
keluh, mengeluh to complain
keluhan complaint
kemalangan misfortune
kemaluan laki-laki penis
kemaluan perempuan
  vagina
kemarahan anger
kemarau dry (of weather);
  drought
kemarin yesterday
kemarin dulu the day before
  yesterday
kematian death
kembali to return; to go back;
  you're welcome

K

kembang blossom
kembang api fireworks
kembangkan, mengembangkan to expand
kemudian then; afterwards
kena to be hit; to suffer
kenaikan increase
kenal, mengenal to know; to recognize; to be acquainted
kenalan acquaintance
kenang-kenangan souvenir
kenangan memories
kenapa? why?; pardon?; what for?
kencing to urinate
kendaraan bermotor motor vehicle
kendi jug (pitcher)
kental thick (of liquids)
kentang potato
kentut to fart
kenyang full (having eaten enough)
kenyataan fact
kepada to; toward (a person)
kepala head
kepercayaan beliefs; faith
kepiting crab
keponakan laki-laki nephew
keponakan perempuan niece
keputusan decision
kera ape; monkey
keramahan warmth (personal characteristic)
keramat sacred
keranjang basket
keras hard; firm (mattress); loud (sound)
kerbau water buffalo
keren impressive
kereta api train
keretek clove cigarette
kering dry
keringat, berkeringat sweat; to perspire
kerja, bekerja work

kertas paper
kerusakan damage
kerut, mengurutkan frown; to frown
kesal annoyed; angry
kesalahan, menyalahkan error; fault; mistaken; to blame
kesan impression
kesasar lost (can't find way)
kesempatan opportunity; chance
kesemutan numb; gone to sleep (leg, arm); pins and needles
kesialan misfortune
ketat strict
ketawa laugh
ketemu to find; to meet
keterangan information
ketiga third
ketik, mengetik to type
ketinggalan to miss (bus, flight)
ketinggian height
ketuk to knock
ketumbar coriander (cilantro)
keturunan descendant
khabar (= kabar) news
khas typical (characteristic)
khusus special
kilat lightning
kilo kilogram
kilometer kilometer
kini nowadays; presently
kipas fan
kipas angin electric fan
kira, mengira to guess; to suppose
kira-kira approximately; roughly
kiri left
kirim, mengirim to send
kirim surat, mengirim surat to send mail

L

kita we (includes the addressee); our (when placed after an object)
klenteng Chinese temple
koin coin
koki cook (person); chef
kol cabbage
kolam pool
kolam renang swimming pool
kompanyon partner (business)
kompor cooker (stove)
komputer computer
konfirmasikan to check (confirm)
kontan cash
kopi coffee
kopor suitcase
koran newspaper
korban sacrifice; victim
Korea Selatan South Korea
Korea Utara North Korea
korek api matches
kosong empty
kota city; town; downtown; urban area
kotak box
kotor dirty
kraker salty biscuit
kraton Javanese palace
kuah broth
kuasa power; authority
kuat strong; energetic
kuatir afraid; to worry
kuburan gravesite
kucing cat
kuda horse
kue cake; pastry; cookie; biscuit
kue bola dumpling
kuku fingernail
kukus steamed
kulit skin; leather
kulkas refrigerator
kumis moustache

kumpul gather
kunang-kunang firefly
kunci key; lock
kuning yellow
kunjungan a visit
kunjungi to visit
kuno ancient
kupas, mengupas to peel
kupu-kupu butterfly
kura-kura turtle
kurang less; lacking; minus
kurangi, mengurangi to reduce
kurang lebih more or less; roughly
kurang senang unhappy; upset
kurban sacrifice; victim
kurs exchange rate
kursi chair
kursi tangan armchair
kurus thin; slim; slender
kwalifikasi qualification

L

laci drawer
lada pepper
lagi more; again; another
lagi pula besides (in any case)
lagu song
lahir, dilahirkan born; to be born
lahirkan, melahirkan to give birth
lain different
laju speed
laki-laki male
laku, berlaku sold; valid; to be valid
lakukan, melakukan to do
lalu past; then
lalu-lintas traffic
lama old (of things); a long time

L

lambat slow
lampu light; lamp
lampu senter flashlight (torch)
lancar smooth; proficient; fluent
langganan customer
langit sky
langit-langit ceiling
langka scarce
langkah step
langsing slender; slim
langsung directly; non-stop
lantai floor
lantas then
Laos Laos
lapang spacious
lapangan field
lapangan terbang airport; airfield
lapar hungry
lapis layer
lapor, melapor to report
laporan a report
larang, melarang to forbid
lari to run; to escape
latihan practice; training
laut sea
lawan to oppose; opponent; rival
layak appropriate; reasonable (price)
layan, melayani to serve (food, etc.)
layar, berlayar a sail; to sail
layar komputer screen (of computer)
lebar wide; width
lebih more
lebih banyak more of
lebih buruk worse
lebih jelek worse
lebih parah worse
lebih suka to prefer
leher neck
lekas sembuh get well soon

lekat to stick
lelah tired; weary; worn out
lemah weak
lemari cupboard
lembab damp; humid
lembah valley
lembut gentle
lempar, melempar to throw
lengan arm
lengkap complete
lepas to release; to take off (clothes); released; loose (not in packet)
lerengan slope
letak to place
lewat to go through; via; past
liar wild
libur day off; to holiday; to vacation
liburan holiday; vacation
lidah tongue
lift elevator
lihat, melihat to see; to look; to observe; to visit; to read
lihatlah! look!
lilin candle; wax
lima five
lima belas fifteen
lima puluh fifty
limau lemon (citrus)
limpah to overflow; to be overflowing
lindungi to protect
lingkaran circle
lingkungan environment
lipat, melipat to fold
listrik electric; electricity
lobang hole
loket ticket window; counter
loket penerangan information booth
lombok chili pepper
lompat, melompat to jump

M

longgar loose (wobbly)
lorong corridor
losmen lodge; small hotel
loteri lottery
luar outside
luar negeri overseas; abroad
luas broad; spacious
lubang hidung nostril
lucu funny; cute (appealing)
luka injury; injured
luka bakar burn (injury)
lukis, melukis to paint
lukisan painting
lulus to pass (an exam)
lumayan so-so; average
lunas paid
lupa to forget; forgotten
lupakan, melupakan to forget about
lurus straight
lusa the day after tomorrow
lusin dozen
lutut knee

M

ma'af! sorry!
mabuk drunk
macam kind; sort; type
macam apa? what kind of?
macan tiger
madu honey
mahal expensive
main to play
mainan toy; game
majalah magazine
maju to advance; to go forward; advanced
makalah essay; academic paper
makam grave
makan to eat
makan malam evening meal; to eat the evening meal

makan pagi breakfast; to eat breakfast
makan siang midday meal; to eat the midday meal
makanan food
makanan hasil laut seafood
maksud, bermaksud meaning; intention; to intend
malah opposite (on the contrary)
malam night; evening
malas lazy
Malaysia Malaysia
malu ashamed; embarrassed
mampir to stop by; to visit
mampu well off; able to afford something; wealthy; rich
mana where
mandi to bathe; to take a shower
mangga mango
mangkok bowl
manis sweet
manisan dessert
mantan past (former)
marah angry; upset
mari please; go ahead; let's; goodbye
masa period; really?; unbelievable
masa depan the future
masak to cook
masakan cooking; cuisine
masalah problem
masalah kecil minor (not important); small matter
masih still
masuk to come in; to enter
masukkan, memasukkan to put inside
mata eye
mata uang currency
matahari sun

M

matahari terbenam sunset
matahari terbit sunrise
matang well-cooked; ripe; well-done
mati to die; dead
mati tenggelam to drown
mau to want; shall; will; would
mau ke mana hello; where are you going?
me- (active verb prefix)
medis medical
meja table
meja tulis desk
melakukan sesuatu to have done something
melalui by way of; via
melambai to wave
melamun to daydream
melarikan diri to run away
melipat to fold
memanaskan to heat
memancing to fish; to incite (violence)
memang indeed; of course
memanggang to bake
memar bruise
membagi-bagikan to hand out
membantah to argue; to repudiate
membekukan to freeze
membela to defend (with words)
membereskan to sort out (deal with)
memberi makan to feed
membetulkan to correct
membiayai to finance someone/something
membicarakan to talk about
membosankan dull (boring)
membungkuk to stoop
memeluk to embrace; to hold
memohon to ask; to beg; to plead

memohon perizinan to apply for permission
memoto to photograph
memotret to photograph
mempengaruhi to affect
memperkenalkan to introduce someone
memperkenalkan diri to introduce oneself
mempertahankan to defend (in war)
memphotocopy to photocopy
memprotes to protest
memusatkan pikirian to concentrate one's thoughts
memvideo to videotape
menabung to deposit; to save
menang to win
menangani to sort out (deal with)
menantu son-in-law; daughter-in-law
menampakkan to reveal (make visible)
menara tower; lighthouse
menarik interesting
menasihati to advise someone
menawarkan to offer (suggest opinion or service)
mencampur to mix
mencegah to prevent
menciptakan to create; to invent
mencoba to attempt; to try
mencoba memakai to try on clothes
mencukupkan to make do
menderita to suffer
mendesak urgent
mendung cloudy
menelepon to dial (a telephone); to telephone someone

menemani to accompany someone

menemukan to discover (be first to find)

menerjemahkan to translate

menetes to drip

mengabaikan to ignore

mengalami to undergo (hardship)

menganggur unemployed

menganjurkan to recommend

mengantar to accompany; to deliver something

mengapa? what for?; why?

mengarang to make up a story; to tell a (white) lie

mengasuh to bring up children

mengeja to spell

mengeluh to protest; to complain

mengemukakan to bring up a topic

mengerem to brake

mengeringkan to dry

mengerti to understand

mengetik to key; to type

menggosok to wipe; to rub

menghadap opposite (facing); to face

menghapus to wipe (blackboard)

menghasilkan to earn

menghiasi to decorate

menghitung to calculate; to count

mengisi formulir to fill up a form

menguap to yawn

mengucapkan to pronounce

mengucapkan terima kasih to say thank you; to thank

mengukur to measure out

mengumumkan to reveal (make known)

mengunyah to chew

menimbangkan to weigh out

meninggal to pass away

meninggalkan to leave behind; to desert; to abandon

menjadi anggota klub to belong to a club

menjadi lebih baik to improve (a situation)

menjadi lebih kurus to lose weight

menjalani to undergo (repairs, operation)

menjelaskan to explain

menjijikan disgusting; to disgust

menolak to decline (refuse)

mentah raw; uncooked; rare; unripe

mentega butter; margarine

menuju to head for (toward)

menunda to delay (put off)

menupang to get a lift (ride in a car)

menurun to decline (get less)

menurut according to

menyakiti to hurt; to inflict pain (physical)

menyakiti hati to offend; to insult

menyakitkan hati to offend; to insult

menyeberang to cross (a road)

menyejukkan to cool

menyeka to wipe (hands, face)

menyelamatkan to rescue

menyenangkan enjoyable; pleasant

menyerahkan to hand over

menyerang to attack

menyetir to steer; to drive

menyinggung perasaan to offend; to insult

merah red

merah mudah pink

merasa bersalah to feel guilty

merdeka freedom

M

M

mereka they; them
merica pepper
mertua laki-laki father-in-law
mertua perempuan
  mother-in-law
merusakkan to damage;
  to break
mesin engine; machine
mesin hitung calculator
mesin jawab answering
  machine
mesin-mesin machinery
mesjid mosque
meskipun though; although
mesti to be necessary;
  must
mewah lavish; expensive;
  luxurious
mie noodles
miehun rice vermicelli
milik, memiliki to own;
  to possess
milik dia his; hers
milik orang to belong to
  someone
milik pribadi own (personal)
milyar billion
mimpi a dream;
  to dream
menit minute
Minggu Sunday
minggu week
minggu depan next week
minggu yang lalu last week
minta to ask for;
  to request
minta maaf to apologize;
  to say sorry
minum to drink
minuman a drink
minyak oil
minyak wijen sesame oil
mirip alike; similar; to look like;
  to resemble
misalnya such as (for example)
miskin poor
mobil car; automobile

moderen modern
mogok to break down (of
  machines); to stall
mohon to request
motor motorcycle
Muang thai Thailand
muat to load; to carry;
  to fit inside
muda young; unripe
mudah easy
mudah-mudahan hopefully
muka face; across
mulai to start; to begin
mulut mouth
muncul to appear
mundur to back up
mungkin maybe; perhaps;
  possibly
muntah to vomit
murah cheap; inexpensive;
  good value
murid pupil; schoolchild
musik music
musim season
musim dingin winter
musim gugur autumn
musim panas summer
musim semi spring
musuh enemy
mutiara pearl

N

naik to go up; to climb; to rise;
  to increase; to board
  (transport); to ride
naik kereta api by rail
nakal naughty
nama name
nama asli given name
nama keluarga surname;
  family name
namun nevertheless
nanas pineapple
nanti later
nanti malam tonight

nanti sore this afternoon
narkotika drug (recreational)
nasi rice (cooked)
nasib fate
nasihat, menasihati advice;
  to advise
negara country; nation
nekad determined
nenek grandmother
nenek moyang ancestor
ngantuk to be sleepy
ngengat moth
ngepaskan to try on
  (clothes)
nginap, menginap to stay
  overnight
nikah, menikah to be married;
  to get married
nikmati, menikmati to enjoy
nilai level
nilon nylon
noda stain
nomor number
nomor telepon telephone
  number
nota receipt
nul zero
nurut obedient
nyala, bernyala to be lit; on
nyaman comfortable
nyamuk mosquito
nyanyi, bernyanyi to sing
nyawa life
nyonya madam

O

obat medicine; cure
obral sale (at reduced
  prices)
obyek object (tourist)
oh ya by the way
okay okay (yes, uninjured)
olahraga sports
oleh by
oleh karena itu therefore

oleh-oleh souvenir; gift
om uncle
ombak wave; surf
omong to speak
omong kosong nonsense
ongkos cost; expense;
  fee
ongkos perjalanan fare
orang person; human being
orang Amerika American
orang asing stranger; outsider;
  foreigner
orang Australi(a) Australian
orang Birma Burmese
orang Cina Chinese
orang Indonesia Indonesian
orang Inggris British; English
**orang Inggris dari bagian
  Wales** Welsh
orang Irlandia Irish
orang Jepang Japanese
orang Kamboja Cambodian
orang Korea Korean
orang Laos Laotian
orang luar stranger;
  outsider
orang Malaysia Malaysian
orang Muang thai Thai
orang Skotlandia Scottish
orang Thai Thai
orang Tionghua Chinese
orang tua parents
**orang yang suka berjalan-
  jalan** traveler
otak brain; mind
otot muscle

P

P

pabrik factory
pacar boyfriend; girlfriend
pada on
pada jaman dulu in olden
  times
pada umumnya usually;
  in general; on the whole

21

P

pada waktu malam at night
pada waktu sekarang
  nowadays
padam to go out (fire, candle)
padang field; square
padat solid; dense
padi rice plant
pagar fence
pagi morning
paha thigh
**pahat, memahat,
  memahatkan**
  to carve; to sculpt; to engrave
pahit bitter
pajak tax
pajamas pyjamas
pajang, memajang to display
pakai, memakai to use;
  to wear
pakaian clothing; garment
pakaian dalam underwear
paket parcel
paksa, memaksa to force
paku nail
paling the most
paling buruk worst
paling jelek worst
paling kecil the smallest
paling parah worst
paling penting main (most
  important)
paling sedikit the least
paling tidak at least
paling utama main (most
  important)
paling-paling at the most
palsu artificial;
  counterfeit
paman uncle
panas hot (temperature)
panci pan
pandai smart; skillful
pandang, memandang to
  view
pandangan view;
  panorama
panggang, memanggang
  roasted; to roast
panggil, memanggil to call;
  to summon
pangkat rank; station in life
panjang long; length
panjangkan, memanjangkan
  to extend
panjangnya length
pantai beach
pantat bottom (buttocks)
papaya pawpaw
parah bad; serious (of illness
  or problems)
parfum perfume
pariwisatawan tourist
parkir to park (a vehicle)
partai party (political)
paru-paru lungs
pasang, memasang to
  assemble; to switch on
pasanggrahan guesthouse
pasar a market
pasarkan, memasarkan to
  market
pasar swalayan department
  store; supermarket
pasir sand
paspor passport
pasta gigi toothpaste
pasti sure; certain; definite
pasukan troops
patah broken (of bones,
  long objects)
patas non-stop (transport)
patuh obedient
patung statue
payudara breasts
payung umbrella
**pecah, pecahkan,
  memecahkan** broken;
  shattered; to break;
  to shatter; to solve (a problem)
pedagang business person
pedas hot (spicy)
pegang, memegang to hold;
  to grasp
pegangan bag handle

pegas spring (metal part)
pegawai staff
pejabat civil servant
pekerjaan job; occupation; profession
pelabuan harbor; port
pelan slow
pelaut sailor
pelayan servant
pelayan toko sales assistant; sales clerk
pelayanan service
pemakaman funeral
pemandangan panoramic view; scenery
pemerintah government
pemilik toko shopkeeper; store owner
pemimpin leader; manager; boss
pena pen
penampan tray
pencuri thief
pendapat opinion
pendek short
penderitaan suffering
pendeta priest
penduduk inhabitant; resident
penelitian research
penerbangan flight (plane)
pengacara lawyer
pengalaman, mengalami experience; to experience
pengambilan barang hilang lost property (box)
penganten laki-laki bridegroom
penganten perempuan bride
penganut Buda Buddhist
penganut Islam Muslim
penganut Kristen Christian
pengarang writer
pengaruh, mempengaruhi influence; to influence; to affect

P

pengeluaran expenses
penghuni inhabitant; resident; tenant
penginapan small hotel; accommodations
pengumuman notice; announcement
pengurangan reduction
peninggalan remains
penjara jail; prison
penjelasan clarification
penolakan refusal
pensil pencil
pensiunan retired
penting important; major
penuh full
penuhi, memenuhi to fulfill
penumpang passenger
penurunan reduction
penyakit disease; illness
per spring (metal part)
perabotan furniture
perahu boat
perak silver
peran role
perang war; battle
perangkat set (of items)
perangko stamp
perasaan emotion
perasaan sakit pain
perayaan festival; celebration; party
perbaiki, memperbaiki to mend
perbatasan border (between countries)
perbedaan difference
perbedaan pendapat argument; to have different opinions
percakapan conversation
percaya to trust; to believe; have confidence in
percobaan attempt
perempuan woman; female
pergelangan kaki ankle
pergelangan tangan wrist

P

pergi to go; to leave
perhatikan, memperhatikan to notice; to pay attention to
periksa, memeriksa to examine; to inspect
perintah a command
peristiwa event; incident
perjalanan journey; trip
perjamuan banquet
perjanjian agreement
perkawinan wedding
perkembangan development
perlakukan, memperlakukan to treat (behave towards)
perlente elegant
perlihatkan, memperlihatkan to show
perlu to need
permadani carpet; mat; rug
permen candy; confectionery
permisi! excuse me!
permukaan surface
permulaan start (beginning)
pernah to have already; to have ever
pernikahan wedding
perpustakaan library
Persatuan Kerajaan (Inggris) United Kingdom
persen percent; tip
persentase percentage
persetujuan agreement
persis sama identical
pertama first
pertandingan match (game)
pertanyaan question
pertunjukan show; performance
perunggu bronze
perusahan firm; company; business
perut stomach; belly; abdomen
pesan, memesan a note; to order (food, etc.)
pesawat airplane; telephone extension; instrument

pesta party; festival; celebration
peta map
peti crate
petir thunder
petunjuk sign
pijat, memijat a massage; to massage
pikir, berpikir to think
pikiran thoughts; idea
pil pills
pilek a cold; influenza
pilih, memilih to choose; to select; to vote
pilihan choice
Pilipina the Philippines
pindah, memindah to move
pinggir sungai bank of river
pinjam, meminjam to borrow
pinjami, meminjami to lend
pintar smart
pintu door
pintu gerbang gate
pintu keluar exit (way out)
pintu masuk entrance (way in)
pipi cheek
piring plate; dish
pisah, memisahkan to separate
pisang banana
pisau knife
pita ribbon
piyama pyjamas
plastik plastic
plester adhesive tape
pohon tree; bush
pojok corner
pola pattern (design)
pola dengan petak-petak persegi checked (pattern)
polisi police; police officer
politik politics
polos plain (not fancy)
pompa pump

pompa bensin gas station; petrol station
pondok hut; shack
populer popular
porsi portion (of food)
pos biasa surface mail
pos udara airmail
potong, memotong slice; to slice; to cut; to break (rope, cable)
potongan harga discount
prajurit soldier
presiden president
pria man
pribadi private
puas satisfied
puasa, berpuasa fast; to fast
puaskan, memuaskan to satisfy
pujian, memuji praise; to praise
pukul, memukul o'clock; to strike
pulang to go back
pulau island
puluh ten; multiples of ten
puncak peak; summit
punggung back (part of body)
punya, mempunyai to have; to own; to possess
punya hutang to owe (money)
pura Balinese (Hindu) temple
pura-pura, berpura-pura to pretend
puri Balinese palace
pusat center
pusat kota center of city
pusing dazed; dizzy; ill
putar, berputar to turn around
putih white
putri female
putus to break off
putuskan, memutuskan to decide

R

Rabu Wednesday
racun poison
radio radio
ragu-ragu to be doubtful
rahang jaw
rahasia secret
rahim uterus
raja king
rajin hardworking; industrious
rakyat people
ramah friendly; open
ramai busy
rambut hair
rantai chain
rapat a meeting; to be close together
rapi, merapikan orderly; to make orderly; to make neat; to tidy
rasa, merasa feeling; to feel; taste; to taste
rasa harga diri pride
rasa malu shame; disgrace
rasanya to taste (salty, spicy, sweet)
rata even; level
rata-rata on average; on the whole
ratu queen
ratus hundred
rawat, merawat to treat (medically); to take care of
raya large; great
rayakan, merayakan to celebrate (a holiday)
rebus boiled
rebut to fight about; to fight over
regu team
rekaman tape recording
rekan colleague; co-worker
rekening bill
rel kereta api railroad; railway

R

rem vehicle brake
remaja youth; teenager
rempah-rempah spices
renang, berenang to swim
rencana, berencana a plan; planned
rencanakan, merencanakan to plan
rendah low
rendam, merendam to soak
repot troublesome
repotkan, merepotkan to trouble
resep prescription; recipe
resmi official
resmikan, meresmikan to inaugurate; to open officially
restoran restaurant
retak crack; cracked
rewel fussy
ribu thousand
rindu to miss (a loved one)
ringan light (not heavy); mild
ringkas concise
roda wheel
rok dress; skirt
rok dalam slip (petticoat, underskirt)
rokok, merokok cigarette; to smoke
roman novel
rombongan group
roti bread
ruang room; hall; space
ruangan room; hall; space
ruangan bawah downstairs (room)
rugi to lose money
rugikan, merugikan to cause to lose money
rukun harmonious
rumah house; home
rumah makan restaurant
rumit complicated
rumput grass
rupa appearance

rupanya apparently
rupa-rupanya to seem
rusa deer
rusak broken

S

saat moment; instant
sabar patient
Sabtu Saturday
sabuk belt
sabun soap
sabun cuci baju detergent (for clothes)
sabun cuci piring detergent (for eating utensils)
sadar, menyadari to be conscious; to realize
sah legal
sahabat friend; best friend
saing, bersaing to compete
saingan competition
saja only
sajian offering (religious)
sakit sick; ill; sore (painful); ache
sakit jiwa mentally ill; insane
saksama thorough
saksi witness
saksikan, menyaksikan to witness
sakti sacred power; to have mystical or religious power
saku pocket
salah wrong; false; mistaken
salah paham misunderstanding
salah satu dari dua either
salahkan, menyalahkan to fault
salam greetings

S

salin to change (switch clothes)
saling mutually
salju snow
sama the same; with; using
sama-sama you're welcome
sama sekali completely
sambal chili sauce
sambil while
sambung, menyambung to connect
sambungan connection (telephone)
sambut, menyambut to receive; to welcome (visitor)
sampah garbage
sampai to arrive; to reach; until
sampai berjumpa lagi goodbye; see you later
sampai nanti goodbye; see you later
samping side
sampul envelope
sana there
sandal sandals
sangat quite; really (very); extremely; such (quantity)
sanggup to be capable of; to be willing to take on
sangka, menyangka suspicion; to suspect
santai, bersantai to relax
santapan cuisine (style of cooking)
sapi beef; cow
sapu broom
sarang nest
sarapan pagi breakfast
sarapan piring untuk meja makan tablemat
sari buah juice
saring a filter; to filter
sarung sarong; wrap-around skirt
sarung bantal pillowcase
sastra literature

saté barbecued meat on skewers
satu one
satu-satunya single (only one)
saudara brother or sister; relatives; you (unfamiliar, formal, polite)
saus ikan fish sauce
sawah rice paddy
sawi Chinese cabbage
saya I, me
sayang to be fond of; to have affection for someone; unfortunately
sayanglah! what a shame!
sayap wing
sayur, sayuran vegetables
sayuran hijau greens
se- (prefix meaning 'one' or 'the same as')
sebab because
sebagai pengganti instead of
sebagian partly
sebagian besar mainly; majority; large part
sebelah next to
sebelas eleven
sebelum before
sebelumnya used to do something; first; beforehand
sebentar in a moment; brief period
seberang across from
sebut, menyebut to say
secara by means of; by way of
secara diagonal diagonally
sedang to be in the middle of
sedap delicious
sederhana modest; simple; plain
sedia available
sediakan, menyediakan to prepare; to make ready
sedih sad; unhappy; upset
sedikit little; few; not much; mild (headache); slight

S

sedikit demi sedikit gradually; little by little

segala every

segala-galanya everything

segar fresh

segera soon

segi angle; side

segitiga triangle

seharusnya ought to

sehat healthy

sehelai (counter for flat objects like paper)

seimbang equal

sejak since

sejarah history

sejuk cool

sekali really (very); once; one time

sekalian at the same time; at once

sekarang now

sekarang juga immediately; right now

sekolah school

sekretaris secretary

seks sex (sexual activity)

selain apart from; in addition

selalu always

selama during

selamanya forever

selamat congratulations; safe; to survive (an accident)

selamat jalan bon voyage; goodbye

selamat minum cheers

selamat tahun baru happy new year!

selamat ulang tahun happy birthday!

selambat-lambatnya at the latest

Selasa Tuesday

selat straits

selatan south

selé (= selai) jam

seledri celery

selendang shoulder cloth for holding things

selenggarakan, menyelenggarakan to organize; to hold (an event)

selesai to finish; to end; to cease

Selianda Baru New Zealand

selidiki, menyelidiki to study; to research

selimut blanket

selisih discrepancy

selop sandal

selundup to smuggle

seluruh entire; whole

semangat spirit

semangka melon; watermelon

sembahkan, persembahkan to present

sembahyang to pray; to worship

sembilan nine

sembilan belas nineteen

sembilan puluh ninety

sembuh cured; recovered

sembunyi to hide; hidden

sementara temporarily

sementara itu meanwhile

semi to sprout

semir, menyemir polish; to polish

semoga berhasil good luck

sempat to have an opportunity to

sempit narrow

semprot, menyemprot to spray

sempurna pure; completed

semua all

semua orang everybody; everyone

senang to like; to be pleased; to enjoy oneself; glad

sendiri self; oneself; alone

S

sendirian by oneself; all alone; on one's own
sendok spoon
seni art
seniman artist
Senin Monday
senja dusk
senjata weapon
sentuh, menyentuh to touch
senyum, tersenyum to smile
sepakbola soccer
sepatu shoes
sepeda bicycle
seperempat one quarter
seperti like; as
sepertiga one third
seperti itu such (like that)
sepi quiet; still
sepon sponge
seprei bedsheet
sepuluh ten
sepuluh ribu ten thousand
serai lemongrass
serang attack (in war)
serangga insect
seratus one hundred
seratus ribu one hundred thousand
serba all sorts
serep spare (part, tyre)
sering often; common (frequent)
sertifikat certificate
serta, beserta with
serupa identical
seseorang somebody; someone
sesuai dengan adapted to; suited to
sesuaikan, menyesuaikan to adapt to
sesuatu something
sesuatu tempat somewhere
sesudah after
setasiun (kereta api) train station
setelah after

setelan pakaian suit (of clothes)
setengah half
setia loyal
setiap hari daily
seumur hidup lifetime
sewa, menyewa rent; to rent; to hire
sewakan, menyewakan to rent out
shampoo shampoo
shower shower (for washing)
sia-sia to no avail
siang noon
siap, bersiap ready
siapa? who?
siapa saja anybody; anyone
siapkan to make ready
siapkan meja makan to lay the table
siaran, menyiarkan a broadcast; to broadcast; program
sibuk busy (doing something); busy (telephone)
sifat characteristic
sikap attitude
sikat, menyikat a brush; to brush
sikat gigi toothbrush
silakan (= silahkan) please
simpan, menyimpan to keep; to store
simpang, menyimpang to diverge from
simpangan intersection
sinar rays
singkat concise
sini here
sisa leftovers; remainder
sisi side; flank
sisir comb
siswa pupil; schoolchild
situ over there
Skotlandia Scotland
soal matter; problem
sobek, menyobek to tear (rip)

S

sop clear soup
sopan polite; well-mannered
sopir driver
soré late afternoon
soto spiced soup
spiral spiral
stopkontak socket (electric)
suami husband
suara voice
suasana atmosphere
suatu a certain
subuh dawn
subur fertile
suci holy
sudah already
sudah bangun awake
sudah biasa used to (accustomed)
sudah dipanggang baked
sudah naik on board (train, boat, bus)
suhu temperature
suka, menyukai to like
sukar difficult
sukses to succeed
suku tribe; people
sulaman embroidery
suling flute
sulit difficult
sumpit chopsticks
sumur a well (for water)
sungai river
sungguh really; truly; such (quantity)
suntik to inject; to vaccinate
sunyi quiet; still
supaya in order that; so that
surat letter; document; mail
surat kabar newspaper
surat-menyurat to correspond (write letters)
suruh, menyuruh to instruct; to command
susah difficult
susu milk

susul, menyusul to follow behind
sutra silk
syarat pre-condition; indication; sign

T

tablet tablets
tabrak, menabrak to collide
tabrakan collision
tadi a while ago; earlier (within the day)
tadi malam last night
tafsir, menafsir to guess; to estimate
tagih, menagih to collect payment
tagihan invoice; bill
tahan to hold back; to restrain; to survive
tahu to know; soybean curds (tofu)
tahun year; years
tahun depan next year
tahun yang lalu last year
tajam sharp
tak ada neither
takdir divine destiny
taksi taxi
takut to fear; frightened; scared
tali rope; string
taman garden; park
tamat ended
tambah to add; to increase; plus
tambahan extra (additional)
tambahan lagi in addition
tampan handsome
tamu guest
tanah land; ground (earth)
tanah datar plains (level ground)
tanah milik property

tanam, menanam to plant; to invest
tanaman a plant; crop
tanda sign; indication
tanda tangan signature
tandus barren (land)
tangan hand; forearm
tangga stairs; ladder
tanggal date (of the month)
tanggal lahir date of birth
tanggap, menanggap to react
tanggapan reaction; response
tanggung jawab to be responsible; to take responsibility
tangis, menangis to cry
tangkai broom handle
tangkap, menangkap to grasp; to capture
tanpa without
tantangan challenge
tante aunt
tanya, bertanya to ask; to enquire
taplak meja tablecloth
tari, menari to dance
tarian a dance
tarik to pull
tarip tariff; fare
taruh, menaruh to put; to place
tas bag; purse
tas kantor briefcase
tawar, menawar to make an offer; to bargain
tawaran offering
taxi taxi
tebal thick
tebu sugarcane
teduh shade
tegang tense
tegur to warn
teguran warning
teh tea
tekan to press

tekanan pressure
telaga pond
telanjang naked
telepon telephone
telepon genggam cell phone; mobile phone
televisi television; TV
telinga ear
teliti meticulous; thorough
teluk bay
telur egg
teman friend
tembak, menembak to shoot
tembok wall
tembus, menembus to pierce; to penetrate
tempat place; room (space)
tempat mandi shower; bathroom
tempat perhentian bis bus stop
tempat tidur bed
tempé fermented soybean cakes
tempel, menempel to stick
temu, bertemu, menemui to meet
tenaga power
tenang calm
tengah middle
tengah hari midday
tengah malam midnight
tenggara south-east
tenggelam submerged; drowned
tenggorokan throat
tengok, menengok to see; to visit
tenis tennis
tentang concerning
tentangan, bertentangan to be opposed; to be at odds
tentara army
tentu certain; certainly
tentukan, menentukan to fix a time; to establish
tenun, menenun to weave

T

tenunan weavings
tepat exact; exactly; convenient (place, time)
tepat pada waktu punctual
tepat waktu on time; punctual
tepi edge; fringe
tepi sungai bank of a river
tepung flour
terakhir last; final
terang light; clear; bright
terbakar on fire
terbang, menerbang to fly
terbit, menerbitkan published; to publish
tercatat registered (post)
tergantung it depends; to depend on
terhadap as regards; regarding; towards
teriak to shout
terima, menerima to receive; to accept
terima kasih thank you
terjadi to happen; happened
terjun to tumble down
terkejut surprised
terkenal famous
terlalu too (excessive)
terlambat late
terletak to be located; to be situated
terminal bus station
terong eggplant; aubergine
terperangkap stuck (won't move)
terpisah separate
tersembunyi hidden
tersesat lost (can't find way)
tersinggung upset; unhappy; insulted
tertarik pada interested in
tertawa to laugh
terus straight ahead
teruskan, meneruskan to continue

tetap fixed; permanent
tetapi but
tetes air mata tear
tiang post; column
tiap every
tiba to arrive
tiba-tiba suddenly
tidak no; not
tidak ada absent
tidak ada apa-apa nothing
tidak adil wrong (morally); unfair
tidak apa-apa it doesn't matter; never mind
tidak beruntung unlucky
tidak cukup lacking
tidak dimanapun nowhere
tidak erat loose (wobbly); not tight
tidak hadir absent
tidak jelas vague; unclear
tidak juah bisa berjalan kaki ke sana walking distance
tidak masalah it doesn't matter; no problem
tidak mungkin to be impossible
tidak nakal not naughty; well-behaved
tidak pedas mild (not spicy)
tidak sah illegal
tidak seorangpun nobody
tidak sopan impolite; rude
tidak suka to dislike
tidak terasa numb
tidak terlambat on time; not late
tidak usah to be not necessary
tidur to sleep; go to bed
tiga three
tiga belas thirteen
tiga puluh thirty
tikar mat
tikus mouse; rat
timbang to weigh

timbangan scales (for weighing)

timbangkan, pertimbangkan to consider

timbul, menimbul to appear; to emerge from

timun cucumber

timur east

timur-laut north-west

tindak, bertindak to act

tinggal to depart; to live; to reside; to stay; remaining (portion)

tinggalkan to leave behind; to depart

tinggi tall; high

tingkat level; story of a building

tinjau, meninjau to survey

tinta ink

tipis thin

tipu, menipu to deceive; to cheat

tiram oysters

tiruan imitation; artificial

titip to deposit; to leave with someone

toko store

tolak, menolak to refuse; to object (protest)

tolong, menolong help!; to help; to assist

tomat tomato

tombol switch

tonjol, menonjol to stick out

tonton, menonton to watch; to observe

topeng mask

topi hat

topik topic

toserba department store; supermarket

tradisionil traditional

truk truck

tua old (of persons)

tuak palm wine

tuan sir

tuan rumah host

tuang, menuangkan to pour

tubuh body

tuduh, menuduh to accuse

tugas job; duties

tugu monument

tuju, menuju towards

tujuan destination; goal

tujuh seven

tujuh belas seventeen

tujuh puluh seventy

tukang tradesperson; craftsperson

tukang cukur barber

tukang kerajinan craftsperson

tukang masak cook

tukar, menukar to exchange

tulang bone

tulang belakang spine

tuli deaf

tulis, menulis to write

tulisan article; essay

tumbuh, bertumbuh to grow (larger, up)

tumbuhan growth

tumbuk to pound

tunai cash

tunangan engaged (to be married)

tunangan laki-laki fiancé

tunangan perempuan fiancée

tunda, ditunda to postpone; postponed

tunggal single; sole

tunggu, menunggu to wait; to wait for

tunjuk to point out; to guide

tuntut, menuntut to demand

turis tourist

turun to go down; to get off (transport)

turut to obey

tusuk skewer

tutup, menutup closed; to close; to cover

tutupan lid; plug

U

uang money
uang kertas note (currency)
uap steam
ubah, berubah to change
ucapkan, menucapkan to express; to say
udang shrimp; prawn
udara air
uji to test
uji coba to try out
ujian a test
ujung tip; point; spit (of land)
ukir, mengukir to carve
ukiran carving
ukur, mengukur to measure
ukuran measurement; size
ulang, mengulangi to repeat
ular snake
umpama example
umpamanya such as (for example)
umum general; public
umumnya generally; mostly
umur age
umurnya berapa? how old are you?
undang, mengundang to invite
undangan invitation
unggu purple
unggul excellent
untuk for
untuk apa? what for?
untuk dijual for sale
untung profit; luck; benefit; fortunately
upacara ceremony
urat sinews; tendons
urus to arrange
urut to be in sequence
usaha efforts; activities; to try one's best
usianya berapa? how old is this (object)?

usir, mengusir to chase away; to chase out
utama most important; chief; major
utang debt
utara north
utuh whole; complete

W

wah bagus! well done!
wah hebat! well done!
wajib compulsory
waktu when; time
walaupun although; though
wanita lady; woman; female
warga negara citizen
warna color
warta berita news
wartawan journalist; reporter
warung stall; eating stall; small restaurant
watak character; personality
wayang puppet or dance performance
wayang kulit shadow puppet play
wayang orang traditional Javanese theater
wirok rat
wisatawan traveler; tourist
wisma guesthouse
wol wool
wortel carrot

Y

ya yes
yakin to believe
yang the one who; that which

yang banyak lots of
yang berkaitan dengan kota
  urban (characteristic)
yang lain anything else
yang mana? which?
yang menyenangkan treat
  (something special)

Z

zukini courgettes (zucchini)

English–Indonesian

A

abdomen perut
able to bisa
about (approximately) kira-kira, sekitar
about (regarding) tentang, mengenai
above (upstairs) di atas
abroad luar negeri
absent tidak hadir; tidak ada
accept, to terima, menerima
accident kecelakaan
accidentally (by chance) kebetulan
accommodations penginapan
accompany, to antar, mengantar; ikut; mendampingi; menemani
according to menurut
accuse, to tuduh, menuduh
ache sakit
ache, to (body) sakit
acquaintance kenalan
acquainted, to be kenal, mengenal
across from seberang
act, to tindak, bertindak
action tindakan
activity kegiatan
actually kebetulan
add, to tambah, menambah
address alamat
admit (confess) akui, mengakui
adult dewasa
advance (go forward) maju
advance (money, a deposit) uang muka
advice nasihat
advise, to nasihat, menasihati

aeroplane pesawat; kapal terbang
affect, to pengaruh, mempengaruhi
affection sayang
afford, to (buy something) mampu
afraid takut; ngeri
after sesudah; setelah
afternoon (midday) siang
afternoon (3 pm to dusk) sore
afterwards (then) kemudian
again lagi
age umur
ago (in the past e.g. many years ago) dulu
agree, to setuju, menyetujui
agree to do something, to janji, berjanji
agreed! setuju!; jadi!
agreement perjanjian; persetujuan
air udara
air conditioning acé ("ar-say")
airmail pos udara
airplane pesawat; kapal terbang
airport bandara; lapangan terbang
alcohol (liquor) alkohol; arak
alike mirip
alive hidup
all semua; seluruh; segala
alley (lane) gang
allow (permit) biarkan; perbolehkan
allowed to boleh
almost hampir
alone sendiri; sendirian
already sudah

A

also juga
altogether (in total) berjumlah
although walaupun
always selalu
ambassador duta besar
America Amerika Serikat
American orang Amerika
among antara; di antara
amount jumlah
ancestor nenek moyang
ancient kuno
and dan
anger kemarahan
angry marah
animal binatang
ankle pergelangan kaki
annoyed kesal; jengkel
another (different) berbeda
another (same again) lagi
answer (spoken response) jawaban
answer (written response) balasan; jawaban
answer (to respond) jawab, berjawab, menjawab
answer (to respond in writing) balas; membalas
answer the phone angkat telepon
answering machine mesin jawab
antiques barang antik
anus dubur
anybody, anyone siapa saja
anything apa saja
anywhere ke mana saja
apart berpisahan
apart from selain
apartment apartemen
ape kera; monyet
apologize, to minta maaf
apparently rupanya
appear (become visible) muncul, memuncul; timbul, menimbul
appearance (looks) rupa; penampilan

apple apel
appliance (electrical) alat listrik
apply, to (for permission) memohon perizinan
appointment janji
approach, to (in space) mendekati
approach, to (in time) menjelang
appropriate cocok; layak
approximately kira-kira; sekitar
April april
architecture arsitektur
area wilayah; daerah
argue, to bantah, membantah
argument perbedaan pendapat
arm lengan
armchair kursi tangan
army tentara
around (approximately) kira-kira; sekitar
around (nearby) dekat
around (surrounding) sekeliling; di sekitar
arrange, to atur, mengatur; urus, mengurus
arrangements (planning) perencanaan
arrival ketibaan; kedatangan
arrive, to tiba; datang
art seni
article (in newspaper) karangan; tulisan
artificial buatan; tiruan; palsu
artist seniman
as well (also) juga
ashamed (embarrassed) malu
Asia Asia
ask about, to tanyakan, menanyakan

38

B

ask for (request) minta, meminta
assemble (gather) kumpul, berkumpul
assemble (put together) pasang, memasang
assist, to bantu, membantu
assistance bantuan
astonished kaget; heran
at di
at home di rumah
at night pada waktu malam
at once (at the same time) sekalian
at once (now) sekarang
at once (together) bersama
at the latest selambat-lambatnya
atmosphere (ambience) suasana
attack, to serang, menyerang
attain (reach), to capai, mencapai; sampai, menyampai
attempt percobaan
attempt, to mencoba
attend, to hadir
attitude sikap
attractive (man) tampan
attractive (woman) cantik
aubergine (eggplant) terong
auction, to lelang, melelang
auctioned off dilelang
August Agustus
aunt bibi; tante
Australia Australi(a)
Australian orang Australi(a)
authority (person in charge) orang yang berwajib
authority (power) kekuasaan
automobile (car) mobil
autumn musim gugur
available sedia, tersedia
available, to make sediakan, menyediakan
average (numbers) rata-rata
average (so-so, just okay) lumayan; sedang
awake sudah bangun
awake (wake up) bangun, membangun
awaken (wake someone up) membangunkan
aware sadar
awareness kesadaran

B

baby bayi
back (part of body) punggung
back (rear) belakang
back, to (finance) membiayai
back, to go kembali
back up, to mundur; ngatret
backward terbalik
bad jelek
bad luck celaka; malang
bag tas
baggage bagasi; kopor
bake, to memanggang
baked (food) sudah dipanggang
bald botak
ball bola
ballpoint balpoin
banana pisang
bandage balut
bank (of river) pinggir sungai; tepi sungai
banquet perjamuan
bar (blocking way) halang
bar (serving drinks) bar
barber tukang cukur
barely hampir tidak
bargain, to tawar, menawar
barren (land) tandus
base (foundation) dasar
based on berdasar
basic yang dasar; umum
basis dasar
basket keranjang
basketball bola basket

B

bath mandi
bathe (swim) berenang
bathe (take a bath) mandi
bathrobe mantel mandi
bathroom kamar mandi; WC ("way-say")
battle perang
bay teluk
be (exist) ada
beach pantai
bean kacang
beancurd tahu
beard janggut
beat (to defeat) kalahkan, mengalahkan
beat (to strike) pukul
beautiful (people) cakap
beautiful (places) indah
beautiful (things) bagus
beautiful (women) cantik
because karena; sebab
become, to jadi, menjadi
bed tempat tidur
bedding (bedclothes) seprai dan sarung bantal
bedroom kamar tidur
bedsheet seprai
beef daging sapi
before (in front of) di depan; di muka
before (in time) sebelum
beforehand (earlier) sebelumnya; dulu
beforehand (within the day) tadi
begin, to mulai, memulai
beginning permulaan
behave, to berkelakuan baik
behind di belakang
belief (faith) kepercayaan
believe, to percaya; yakin
belong to (a club) menjadi anggota klub
belong to (a person) milik orang
belongings (personal) barang-barang pribadi

below (downstairs) di bawah
belt sabuk
beside di samping
besides lagi pula; selain
best paling baik; paling bagus
best wishes (to end letter) salam; hormat saya
better lebih baik; lebih bagus
better, get (be cured) sembuh
better, get (improve) menjadi lebih baik
between antara
bicycle sepeda
big (area) luas
big (size) besar
bill bon; rekening
billion milyar
bird burung
birth, to give kelahiran, melahirkan
birthday hari ulang tahun
biscuit (salty, cracker) kraker
biscuit (sweet, cookie) kué; bisket
bit (part) bagian
bit (slightly) sedikit
bite, to gigit, menggigit
bitter pahit
black hitam
black beans kacang hitam
blame, to kesalahan, menyalahkan
bland anyep
blanket selimut
blind (person) buta
blood darah
blouse blus
blue biru
board, to (bus, train) naik
boat perahu
body badan; tubuh
boil, to rebus, merebus
boiled rebus
bon voyage! selamat jalan!
bone tulang
book buku

border (between countries) perbatasan
border (edge) perbatasan; pinggir
bored bosan
boring membosankan
born, to be lahir, dilahirkan
borrow, to pinjam, meminjam
boss bos
botanic gardens kebun raya; taman raya
both dua-duanya; keduanya
both...and baik...maupun
bother (disturb), to ganggu, mengganggu
bother (disturbance) gangguan
bottle botol
bottom (base) dasar
bottom (buttocks) pantat
boundary (border) perbatasan
bowl mangkok
box kotak
box (cardboard) kardos; dos
boy anak laki-laki
boyfriend pacar
bra bh ("bay-ha")
bracelet gelang
brain otak
brake (vehicle) rem
brake, to mengerem
branch cabang
brave (daring) berani
bread roti
break, to (shatter) pecah, pecahkan, memecahkan
break apart, to bongkar, membongkar
break down, to (car, machine) mogok
breakfast (morning meal) makan pagi; sarapan pagi
breakfast, to eat makan pagi
breasts payudara
bride penganten perempuan
bridegroom penganten laki-laki

bridge jembatan
brief (time) sebentar
briefcase tas kantor
briefs celana dalam
bright (color) cemerlang
bright (person) pandai
bring, to bawa, membawa
bring up (children) mengasuh
bring up (topic) mengemukakan
British orang Inggris
broad (spacious) luas
broadcast (program) siaran
broadcast, to siaran, menyiarkan
broccoli brokoli
broken (does not work, spoiled) rusak
broken (shattered) pecah
broken (snapped, e.g. bone) patah
broken off putus
bronze perunggu
broom sapu
broth (soup) kuah
brother saudara
brother (older) kakak
brother (younger) adik
brother-in-law ipar
brown coklat
bruise memar
brush sikat
brush, to sikat, menyikat; gosok, menggosok
bucket ember
Buddhism agama Buda
Buddhist penganut Buda
buffalo (water buffalo) kerbau
build, to bangun, membangun
building gedung
burn (injury) luka bakar
burn, to bakar
burned down terbakar
Burma Birma
Burmese orang Birma
bus bis
bus station terminal bis

B

business bisnis; perdagangan
businessperson pedagang
busy (crowded) ramai
busy (doing something) sibuk
busy (telephone) sibuk
but tetapi
butter mentega
butterfly kupu-kupu
buttocks pantat
buy, to beli, membeli
by (author, artist) oleh
by means of secara
by the way oh ya

C

cabbage kol
cabbage (Chinese) caisin;
  sawi
cake (pastry) kue
calculate menghitung
calculator mesin hitung
call (summon), to panggil,
  memanggil
call on the telephone
  menelpon
called (named) dipanggil
calm tenang
Cambodia Kamboja
Cambodian orang Kamboja
camera alat potret; kamera
can (be able to) bisa
can (tin) kaleng
cancel, to batal, membatalkan
candle lilin
candy (sweets) permen
capable of, to be sanggup
capture, to tangkap,
  menangkap
car (automobile) mobil
cardboard kardus
cards (game) kartu
care for (love) sayang;
  mencintai
care of, to take mengasuh;
  mengawasi

careful! hati-hati!; awas!
carpet permadani
carrot wortel
carry, to bawa, membawa
cart (horsecart) dokar
cart (pushcart) grobag;
  kereta
carve, to ukir, mengukir
carving ukiran
cash (money) uang tunai;
  kontan; kash
cash a check, to uangkan
cassette kaset
cat kucing
catch, to tangkap, menangkap
cauliflower kembang kol
cause, to sebab,
  menyebabkan
cautious hati-hati
cave gua
ceiling langit-langit
celebrate, to merayakan
celery seledri
cell phone telepon genggam
center (middle) pusat; tengah
center (of city) pusat kota
central pusat
century abad
ceremony upacara
certain (sure) pasti; tentu
certainly! memang!
certificate sertifikat
chair kursi
challenge tantangan
champion juara
chance (opportunity)
  kesempatan
chance, by kebetulan
change (coins) uang kecil
change, to (conditions,
  situations) berubah
change, to (exchange money)
  tukar, menukar
change, to (switch clothes)
  salin; ganti, mengganti
change one's mind ganti
  pikiran

character (personality) watak
character (written) huruf
characteristic sifat
chase, to kejar, mengejar
chase away, chase out usir, mengusir
cheap murah
cheat, to tipu, menipu; curang
cheat (someone who cheats) penipu
check (verify) konfirmasikan
checked (pattern) pola dengan petak-petak persegi
cheek pipi
cheers! (goodbye) mari
cheers! (with drink) selamat minum
cheese keju
chess catur
chest (box) peti
chest (breast) dada
chew, to mengunyah
chicken ayam
child (offspring) anak kandung
child (young person) anak
chili pepper cabé; lombok
chili sauce sambal
chilled didinginkan
chin dagu
China negeri Cina
Chinese orang Cina; orang Tionghua
chocolate coklat
choice pilihan
choose, to pilih, memilih
chopsticks sumpit
Christian penganut Kristen
Christianity agama Kristen
church gereja
cigar cerutu
cigarette rokok
cilantro (coriander) ketumbar
cinema bioskop
circle lingkaran
citizen warga negara

citrus jeruk
city kota
clarification penjelasan
clarify, to menjelaskan
class (category) golongan; tipe
classes (at university) kuliah; mata pelajaran
clean, to bersih, bersihkan, membersihkan; bikin bersih
cleanliness kebersihan
clear (of weather) cerah; terang
clever cerdik; pintar
climate iklim
climb onto, into naik
climb up (hills, mountains) mendaki
clock jam
close, to menutup
close to (nearby) dekat
close together (tight) rapat
closed tutup
cloth kain
clothes, clothing pakaian
cloudy (overcast) mendung
clove cigarette kretek
cloves cengkeh
coat (jacket) jaket
coat (overcoat) jas panjang
coconut kelapa
coffee kopi
coin koin
cold dingin
cold (flu) pilek; masuk angin; flu
colleague (co-worker) rekan kerja
collect payment, to tagih, menagih
collide, to tabrak, menabrak
collision tabrakan
color warna
comb sisir
come, to datang
come back datang kembali

C

come in masuk
come on! (let's go!) ayo!;
  mari!
comfortable nyaman
command (order) perintah
command, to perintah,
  memerintah
common (frequent) sering
company (firm) perusahaan
compare, to membandingkan
compared with dibandingkan
  dengan
compete, to menyaingi
competition saingan
complain, to mengeluh
complaint keluhan
complete (finished) selesai
complete (thorough) teliti,
  saksama
complete (whole) lengkap
complete, to lengkapi,
  melengkapi
completely sama sekali
complicated rumit
compose (write letters,
  books, music) menulis;
  mengarang
composition (writings)
  karangan
compulsory wajib
computer komputer
concentrate, to (thoughts)
  memusatkan pikiran
concerning tentang;
  mengenai
condition (pre-condition)
  syarat
condition (status) keadaan
confectionery gula-gula;
  permen
confidence kepercayaan
confidence, to have percaya
Confucianism ideologi tentang
  pendidikan yang dipeluk
  Orang Cina pada jaman dulu
confuse, to keliru
confused (in a mess) kacau

confused (mentally) bingung
confusing membingungkan
congratulations! selamat!
connect together, to
  sambung, menyambung
conscious sadar
conscious of, to be sadari,
  menyadari
consider (have an opinion)
  anggap, menganggap
consider (think over)
  timbangkan, pertimbangkan
consult (talk over with)
  rundingkan, merundingkan
contact (connection)
  hubungan
contact (get in touch with)
  hubungi, menghubungi
continent benua
continue, to teruskan,
  meneruskan
convenient (place, time)
  tepat
conversation percakapan
cook (person) koki; tukang
  masak
cook, to masak, memasak
cooked masak; matang
cooker (stove) kompor
cookie (sweet biscuit) kué
cooking (cuisine) masakan
cool sejuk
cool, to menyejukkan
coral batu karang
coriander (cilantro)
  ketumbar
corn (grain) jagung
corner pojok
correct, to betul,
  membetulkan
correspond (write letters)
  surat-menyurat
corridor lorong
cost (expense) ongkos;
  biaya
cost (price) harga
cotton kapas

D

ENGLISH—INDONESIAN

cough batuk
cough, to berbatuk
could (might) mungkin
count, to (reckon) hitung, menghitung
counter (for paying, buying tickets) loket
country (nation) negara
country (rural area) daerah pedesaan
courgettes (zucchini) zukini
courtyard halaman yang dikelilingi tembok
cover, to tutup, menutup
cow sapi
co-worker (colleague) rekan kantor
crab kepiting
cracked retak
cracker (salty biscuit) biskuit; kraker
crafts kerajinan
craftsperson tukang kerajinan
crate peti
crazy gila
create, to menciptakan
criminal penjahat
cross (angry) marah
cross (go over) menyeberang
crowded ramai
cruel kejam; bengis
cry, to tangis, menangis
cry out, to teriak, berteriak
cucumber timun
cuisine (style of cooking) santapan; masakan
culture kebudayaan
cup cangkir
cupboard lemari
cure (medical) obat
cured (preserved) diawetkan
currency mata uang
curtains (drapes) gorden
custom (tradition) adat
customer langganan
cut (slice) potongan

cut, to potong, memotong
cute (appealing) lucu

D

daily setiap hari
damage, to kerusakan, merusakkan
damp lembab; basah
dance tarian
dance, to tari, menari
danger bahaya
dangerous berbahaya
daring (brave) berani
dark gelap
date (of the month) tanggal
date of birth tanggal lahir
daughter anak perempuan
daughter-in-law menantu
dawn subuh
day hari
day after tomorrow lusa
day before yesterday kemarin dulu
day of the week hari
day off libur
daydream, to melamun
dead mati
deaf tuli
death kematian
debt utang
deceive, to tipu, menipu
December Desember
decide, to memutuskan
decision keputusan
decline (get less) menurun
decline (refuse) menolak
decorate, to menghiasi
decrease, to kurang, kurangi, mengurangi
deep (location) bagian yang dalam
defeat, to kalahkan, mengalahkan
defecate, to buang air besar; berak

D

defect cacat
defend (in war)
  mempertahankan
defend (with words)
  membela
definite (certain) pasti
degree (level) nilai
degrees (temperature)
  derajat
delayed (late) terlambat
delayed (put off) menunda
delicious sedap; enak
deliver, to mengantar
demand, to tuntut, menuntut
depart, to berangkat;
  tinggal; tinggalkan; pergi
department departemen
department store toserba;
  pasar swalayan
departure keberangkatan
depend on, to tergantung
deposit (leave behind with
  someone) titip, menitip
deposit (put money in the
  bank) menabung
descendant keturunan
describe, to gambarkan,
  menggambarkan
desert (arid land) gurun pasir
desert (to abandon)
  meninggalkan
desire kemauan; nafsu
desire, to ingin, kepingin
desk meja tulis
dessert manisan
destination tujuan
destroy, to hancurkan,
  menghancurkan
destroyed (ruined) hancur
detergent (for clothes) sabun
  cuci baju
detergent (for eating utensils)
  sabun cuci piring
determined (stubborn)
  nekad
develop, to (film) cuci,
  mencuci

develop, to (happen)
  berkembang
development perkembangan
diagonal diagonal
diagonally secara diagonal
dial, to (telephone)
  menelepon
dialect dialek
diamond intan
diary (daybook, journal)
  buku harian
dictionary kamus
die, to mati; meninggal
difference (discrepancy in
  figures) selisih
difference (in quality) beda;
  perbedaan
different (other) lain
difficult sukar; sulit
dinner (evening meal) makan
  malam
dinner, to eat makan malam
dipper (ladle) gayung
direct (non-stop) langsung;
  patas
direction jurusan; arah
director (of company)
  direktur
dirt (filth) kotoran
dirty kotor
disappointed kecewa
disaster celaka
discount diskon; potongan
  harga
discover, to (be first to find)
  menemukan
discuss, to bicarakan,
  membicarakan
discussion pembicaraan
disease penyakit
disgusting menjijikan
dish (particular food)
  hidangan; masakan
dish (platter) piring
diskette disket
dislike, to tidak suka
display pajangan

display, to pajangkan, memajangkan
distance jarak
disturb, to ganggu, mengganggu
disturbance gangguan
divide (split up) bagi-bagi; membagi
divided by dibagi
divorce, to cerai, bercerai
divorced cerai
do (perform an action) melakukan
do one's best berusaha
don't! jangan!
don't mention it (reply to thanks) kembali
doctor doktor
document (letter) surat
dog anjing
done (cooked) masak; matang
done (finished) selesai
door pintu
double (two times) dua kali lipat
doubt, to ragu-ragu; meragukan
down (downward) turun
downstairs (room) ruangan bawah
downtown pusat kota; tengah kota
dozen lusin
drapes (curtains) gorden
draw, to gambar, menggambar
drawer laci
drawing gambar
dream impian; mimpi
dream, to mimpi, bermimpi
dress (frock) rok
dressed, to get berpakaian, ganti baju
dressing gown baju santai
drink (refreshment) minuman
drink, to minum

drive, to (vehicle) menyopir; setir
driver sopir
drought kemarau
drown, to mati tenggelam
drug (medicine) obat
drug (recreational) narkotika
drugstore (pharmacy) apotik
drunk mabuk
dry kering
dry (weather) kemarau
dry, to mengeringkan
dry out (in the sun) jemur
duck bebek
dull (boring) membosankan
dull (weather) cuaca yang kurang bagus/cerah
dumpling kue bola
durian durian
during selama
dusk senja
dust debu
duty (import tax) bea cukai
duty (responsibility) kewajiban; tugas

E

each (every) setiap; tiap-tiap
ear kuping; telinga
earlier (beforehand) dulu
early awal
early in the morning pagi-pagi
earn, to menghasilkan
earrings anting-anting
earth (soil) tanah
Earth (the World) bumi
earthquake gempa bumi
east timur
easy gampang; mudah
eat, to makan
economical hemat
economy ekonomi
edge pinggir; batas

E

educate, to didik; mendidik
education pendidikan
effect (result) hasil; dampak
effort usaha
effort, to make an berusaha
egg telur
eggplant (aubergine) terong
eight delapan
eighteen delapan belas
eighty delapan puluh
either salah satu dari dua
either...or atau
electric, electricity listrik
electronic elektronik
elegant perlente
elephant gajah
elevator lift
eleven sebelas
else: anything else yang lain
else: or else awas kalau tidak
email (message) email
email (system) jaringan email
email address alamat email
embarrassed malu
embarrassing memalukan
embassy kedutaan besar; kedubes
embrace, to memeluk
embroidered bersulam
embroidery sulaman
emergency darurat
emotion perasaan
empty kosong
end (tip) ujung
end, to (finish) selesai
enemy musuh
energy tenaga
engaged (telephone) sibuk
engaged (to be married) tunangan
engine mesin
England Inggris
English orang Inggris
engrave, to pahat, memahatkan

enjoy, to nikmati, menikmati
enjoyable nikmat; menyenangkan
enjoy oneself, to senang
enlarge, to besarkan, membesarkan
enough cukup
enquire, to tanya, menanyakan
enter, to masuk
entire seluruh
entirety (whole) keseluruhan
entrance (way in) pintu masuk
envelope sampul; amplop
envious iri hati
environment, the lingkungan
envy cemburu; iri hati
equal seimbang; sama
equality keseimbangan; persamaan
error kesalahan
escalator eskalator
especially khusus
essay karangan; makalah
establish (set up) mendirikan
estimate, to tafsir, menafsir
ethnic group bangsa; suku bangsa
Europe Eropa
even (also) juga
even (smooth) rata
evening malam
event peristiwa
ever (have already) pernah
every tiap; segala
every kind of segala macam
every time tiap kali
everybody, everyone semua orang
everything segala-galanya
everywhere di mana-mana
exact tepat
exactly! persis!
exam (test) ujian
examine, to periksa, memeriksa

example umpama; misal
example, for umpamanya; misalnya
excellent unggul
except kecuali
exchange, to (money, opinions) tukar, menukar
exchange rate kurs
excited gembira
exciting mengembirakan
excuse me! (getting past) permisi!
exist, to ada
exit (way out) keluar
expand, to (grow larger) berkembang
expect, to harapkan, mengharapkan
expense biaya
expenses pengeluaran
expensive mahal
experience, to pengalaman, mengalami
expert ahli
explain, to menjelaskan
export, to ekspor, mengekspor
express, to (state) ucapkan, mengucapkan
extension (telphone) pesawat
extra (additional) tambahan
extremely sangat
eye mata
eyebrow alis mata
eyeglasses (spectacles) kacamata

F

fabric (textile) kain
face muka
face, to hadapi, menghadapi
fact kenyataan
factory pabrik

fail, to gagal
failure kegagalan
fall (season) musim gugur
fall, to jatuh
false (imitation) tiruan
false (not true) keliru
family keluarga
famine kelaparan
famous terkenal
fan (admirer) penggemar
fan (for cooling) kipas
fancy mewah
far jauh
fare ongkos perjalanan
fast (rapid) cepat; lekas
fast, to puasa, berpuasa
fat (grease) lemak
fat (plump) gemuk
father bapak; ayah
father-in-law mertua
fault kesalahan; kekurangan
fax (machine) faks
fax (message) kiriman faks
fax, to mengirim faks
fear takut
February Februari
fee ongkos; biaya
feed, to makan, memberi makan
feel, to rasa, merasa
feeling rasa; perasaan
female perempuan; putri; wanita
fence pagar
ferry perahu; kapal feri
fertile subur
festival perayaan; pesta
fetch, to ambil, mengambil
fever demam
few sedikit
fiancé tunangan laki-laki
fiancée tunangan perempuan
field lapangan
fierce galak
fifteen lima belas
fifty lima puluh

F

fight, to (physically)
  bertengkar
fight over, to merebut
figure (number) angka
fill, to isi, mengisi
fill out (form) mengisi
film (camera, movie) film
final terakhir
finally akhirnya
find, to temukan, bertemu;
  ketemu
fine (okay) baik
fine (punishment) denda
finger(s) jari
finish selesaikan,
  menyelesaikan
finish off, to habiskan
finished (completed) selesai
finished (none left) habis
fire api
fire someone, to pecat,
  pecatkan
fireworks kembang api
firm (company) perusahan
firm (definite) pasti
firm (mattress) keras
first pertama
first (earlier, beforehand)
  dulu; sebelumnya
fish ikan
fish, to pancing, memancing
fish sauce saus ikan
fit, to pas
fitting (suitable) cocok
five lima
fix, to (a time, appointment)
  menentukan
fix, to (repair) betulkan,
  membetulkan
flag bendera
flashlight (torch) lampu senter
flat (apartment) apartemen
flat (smooth) datar
flight penerbangan
flood banjir
floor lantai
flour tepung

flower bunga; kembang
flu pilek; flu
fluent lancar
flute suling
fly (insect) lalat
fly, to terbang, menerbang
fog kabut
fold, to melipat
follow along, to ikut
follow behind, to menyusul
following berikut
fond of, to be sayang,
  menyayangi
food makanan
foot kaki
for untuk; demi; bagi
forbid, to melarang
forbidden dilarang
force daya
force, to (compel) paksa,
  memaksa
forehead dahi
foreign asing
foreigner orang asing
forest hutan
forever selamanya
forget, to lupa
forget about, to melupakan
forgive, to mengampuni
forgiveness (mercy) ampun
forgotten terlupa
fork garpu
form (shape) bentuk
form (to fill out) formulir
fortress benteng
fortunately untung
forty empat puluh
forward maju
four empat
fourteen empat belas
free (independent)
  merdeka
freedom kemerdekaan
free of charge gratis;
  cuma-cuma
free of restraints bebas
freeze membekukan

frequent sering
fresh segar
Friday Jumat
fried goreng
friend kawan; teman
friendly (outgoing) ramah
frightened takut
from dari
front depan; muka
front: in front of di depan
frown, to kerut, mengerutkan
frozen beku
fruit buah
fry, to goreng, menggoreng
fulfill, to penuhi, memenuhi
full penuh
full (eaten one's fill) kenyang
fun, to have bersenang-senang
function, to (work) jalan, berjalan
funds (funding) dana
funeral pemakaman
fungus jamur
funny lucu
furniture perabotan
further (additional) tambahan
fussy rewel; cerewet
future: in future masa depan

G

gamble, to judi, berjudi
game (toy) mainan
garage (for parking) garasi
garage (for repairs) bengkel
garbage sampah
garden (yard) taman; kebun
garlic bawang putih
garment pakaian
gasoline bensin
gasoline station pompa bensin
gate pintu gerbang

gather, to kumpul, mengumpul
gender kelamin
general (all-purpose) umum
generally pada umumnya
generous bermurah hati
gentle lembut
gesture (movement) gerak gerik; gerak tangan
get, to (receive) dapat, mendapat
get off (transport) turun
get on (transport) naik
get up (from bed) bangun
get well soon lekas sembuh
ghost hantu
gift hadiah; kado
ginger jahé
girl gadis; anak perempuan
girlfriend pacar
give, to beri, memberi; kasih, mengasih
given name nama asli
glad senang
glass (for drinking) gelas
glass (material) kaca
glasses (spectacles) kacamata
go, to pergi; jalan
go along (join in) ikut, mengikuti
go around (visit) keliling; kunjungi
go back balik, berbalik
go for a walk jalan-jalan
go home pulang
go out (exit) keluar
go out (fire, candle) padam
go to bed tidur
go up (climb) naik
goal tujuan
goat kambing
God Tuhan
god dewa
goddess dewi
gold emas; mas
golf golf

G

gone (finished) habis
good baik; bagus
good luck! semoga berhasil!
goodbye sampai nanti; mari
goodbye (said to someone leaving) selamat jalan
goodness! aduh!
goose angsa
government pemerintah
gradually sedikit demi sedikit
grand (great) hebat
grandchild cucu
granddaughter cucu perempuan
grandfather kakek
grandmother nenek
grandparents eyang
grandson cucu laki-laki
grapes anggur
grass rumput
grateful berterima kasih
grave kuburan; makam
gray abu-abu
great (impressive) hebat
green hijau
green beans buncis
greens sayuran hijau
greet, to sambut, menyambut
greetings salam
grill, to panggang, memanggang
ground (earth) tanah
group rombongan; kelompok
grow (be growing, e.g. plant) tumbuh, bertumbuh
grow (cultivate) tanam, menanam
grow larger, to berkembang; membesar
grow up (child) tumbuh; berkembang
guarantee jaminan
guarantee, to jamin, menjamin
guard, to jaga, menjaga
guess, to mengira; tafsir
guest tamu
guesthouse pasanggrahan

guest of honor (tamu istemewa)
guide, to (lead) antar, mengantar
guidebook buku petunjuk
guilty (of a crime) bersalah
guilty, to feel merasa bersalah

H

hair rambut
half setengah; separuh
hall ruang
hand tangan
hand out membagi-bagikan
hand over menyerahkan
handicap cacat
handicraft kerajinan
handle (bag) pegangan
handle (broom) tangkai
handsome cakap
hang, to gantung, menggantung
happen (occur) terjadi
happening (incident) kejadian
happy bahagia; gembira
happy birthday! selamat ulang tahun!
happy new year! selamat tahun baru!
harbor pelabuan
hard (difficult) sukar; sulit
hard (solid) keras
hardly hampir tidak
hardworking (industrious) rajin
harmonious rukun
hat topi
hate, to benci, membenci
hatred kebencian
have, to (own) punya
have been somewhere ke suatu tempat
have done something melakukan sesuatu
have to (must) harus

ENGLISH—INDONESIAN

he, him dia
head kepala
head for (toward) menuju
headdress hiasan kepala
healthy sehat
hear, to dengar
heart hati; jantung
heat, to memanaskan
heavy berat
height ketinggian
hello halo; mau ke mana?;
  dari mana?
help! tolong!
help, to tolong, menolong;
  bantu, membantu
her dia
here sini; di sini
hers milik dia
hidden tersembunyi
hide, to menyembunyikan
high tinggi
hill bukit
hinder, to menghambat
hindrance hambatan
hire, to sewa, menyewa
his milik dia
history sejarah
hit, to (strike) pukul,
  memukul
hobby hobi
hold, to (grasp) pegang,
  memegang
hold back tahan, bertahan
hole lobang
holiday (festival) liburan
holiday (vacation) libur
holy keramat; suci
home (house) rumah
honest jujur
honey madu
hope, to harap, berharap
hopefully mudah-mudahan
horse kuda
hospital rumah sakit
host tuan rumah
hot (spicy) pedas
hot (temperature) panas

hot spring mata air panas
hotel hotel
hour jam
house rumah
how? bagaimana?
how are you? apa kabar?
how long? berapa lama?
how many? berapa?
how much? berapa?
how old? (object) usianya
  berapa?
how old? (person) umurnya
  berapa?
however akan tetapi
huge besar sekali; gedé
  banget
human manusia
humid lembab
humorous lucu
hundred ratus
hundred thousand seratus
  ribu
hungry lapar
hurry up! buru-buru!; cepatan!
hurt (injured) luka; terluka
hurt, to (cause pain) sakit,
  menyakiti
husband suami
hut (shack) pondok; gubug

I

I saya
ice es
ice cream es krim
idea pikiran; idé
identical persis sama;
  serupa
if kalau; jika
ignore, to mengabaikan
ignorant bodoh
ill (sick) sakit
illegal tidak sah
illness penyakit
imagine, to bayangkan,
  membayangkan

immediately sekarang juga
impolite tidak sopan
import, to impor, mengimpor
importance kepentingan
important penting
impossible tidak mungkin
impression, to make an
  mengesankan,
  mempesonakan
impressive keren
in, at (space) di
in (time, years) pada
in addition selain; tambahan
  lagi
in order that (so that) agar;
  supaya
incident kejadian; peristiwa
included, including termasuk
increase kenaikan
increase, to bertambah;
  tambah banyak
indeed! memang!
indigenous asli
Indonesia Indonesia
Indonesian orang Indonesia
inexpensive murah
influence, to pengaruh,
  mempengaruhi
inform, to beritahu,
  memberitahukan; terangkan
information keterangan
information booth loket
  penerangan
inhabitant penduduk;
  penghuni
inject, to menyuntik
injection suntik
injury luka
injured luka; terluka
ink tinta
insane gila; sakit jiwa
insect serangga
inside dalam
inside of di dalam
inspect, to periksa, memeriksa
instead of sebagai pengganti;
  daripada

instruct (tell to do something)
  suruh, menyuruh
insult penghinaan
insult, to menghina
insurance asuransi
intend, to hendak;
  bermaksud
intended for ditujukan kepada
intention maksud
interest (on loan) bunga
interested in tertarik pada
interesting menarik
international internasional
interpreter juru bahasa
intersection simpangan
into ke dalam
introduce oneself, to
  memperkenalkan diri
introduce someone, to
  memperkenalkan
invent, to menciptakan
invitation undangan
invite, to (ask along) ajak,
  mengajak
invite, to (formally) undang
invoice tagihan; rekening
involve, to melibatkan
involved terlibat
Ireland Irlandia
Irish orang Irlandia
iron besi
iron, to (clothing) seterika,
  menyetirika; gosok,
  menggosok
Islam agama Islam
island pulau
item (individual thing) barang
ivory gading

J

jacket jaket; jas
jail penjara
jam selai; selé
January Januari
Japan Jepang

Japanese orang Jepang
jaw rahang
jealous cemburu; iri hati
jewelry barang-barang perhiasan
job pekerjaan; tugas
join, go along ikut, mengikuti
join together sambung; gabung
joke bergurau; bercanda
journalist wartawan
journey perjalanan
jug (pitcher) kendi
juice sari buah
July Juli
jump, to lompat, melompat
June Juni
jungle hutan
just (fair) adil
just (only) cuma; hanya; saja
just now baru saja; baru tadi

K

keep, to simpan, menyimpan
key (to room) kunci
key, to (on computer) mengetik
kidney ginjal
kidney beans kacang merah
kill (murder) membunuh
kilogram kilo
kilometer kilometer
kind (affectionate) baik hati
kind (type) macam; jenis
king raja
kiss, to cium, mencium
kitchen dapur
kiwi fruit buah kiwi
knee lutut
knife pisau
knock, to ketuk, mengetuk
know (be acquainted with) kenal, mengenal
know (be informed) tahu
knowledge pengetahuan

Korea, North Korea Utara
Korea, South Korea Selatan
Korean orang Korea

L

lacking tidak cukup; kurang
ladder tangga
ladle (dipper) gayung
lady wanita; perempuan; putri
lake danau
lamb (mutton) daging kambing; daging biri-biri
lamp lampu
land tanah
land, to (a plane) mendarat
lane (alley) gang
lane (of a highway) jalur
language bahasa
Laos Laos
Laotian orang Laos
large besar
last terakhir
last night tadi malam
last week minggu yang lalu
last year tahun yang lalu
late terlambat, telat
late at night malam-malam
later nanti
laugh, to tertawa; ketawa
laugh at tertawakan, mentertawakan
laws, legislation undang-undang; hukum
lawyer pengacara; adpokat
layer lapisan
lay the table siapkan meja makan
lazy malas
lead (be a leader) memimpin
lead (guide someone somewhere) antar, mengantar
leader pemimpin
leaf daun

leak, to bocor; menetes
learn, to belajar
least (smallest amount) paling kecil; paling sedikit
least: at least paling tidak
leather kulit
leave (depart) pergi; berangkat; tinggal
leave behind by accident ketinggalan
leave behind for safe-keeping titip, menitip
leave behind on purpose tinggalkan, meninggalkan
lecture ceramah; kuliah
lecturer (at university) dosen
left (hand side) kiri
left (remaining) sisa; tinggal
leg kaki
legal sah
legend dongeng
lemon (citrus) jeruk lemon; limau
lemongrass serai
lend, to pinjami, meminjamkan
length panjangnya
less (smaller amount, minus) kurang
lessen (reduce) mengurangi
lesson pelajaran
let (allow) biar, membiarkan
let someone know beritahu, kasih tahu
let's (suggestion) ayo; mari
letter surat
level (even, flat) rata
level (height) ketinggian
level (standard) nilai
library perpustakaan
license (for driving) sim; surat ijin mengemudi
license (permit) ijin
lick, to jilat, menjilat
lid tutupan
lie, to (tell a falsehood) bohong
lie down baring; tiduran

life nyawa
lifetime seumur hidup
lift (elevator) lift
lift (raise) angkat, mengangkat
lift (ride in car) menupang
light (bright) terang
light (lamp) lampu
light (not heavy) ringan
lighter geretan
lightning kilat
like (as) seperti
like (be pleased by) senang; suka
like that begitu
likewise demikian juga
lime (citrus) jeruk nipis
line (mark) garis
line (queue) antrian
line up, to antri
lips bibir
liquor (alcohol) alkohol
list daftar
listen dengar, mendengar
listen to dengarkan, mendengarkan
literature sastra, kesusastraan
little (not much) sedikit
little (small) kecil
live (be alive) hidup
live (stay in a place) tinggal; berdiam
liver hati
load muatan
load up muat, memuat
located, to be terletak
lock kunci
lock, to mengunci
locked terkunci; dikunci
lodge (small hotel) losmen; penginapan
lonely kesepian
long (size) panjang
long (time) lama
look! lihat!; lihatlah!
look (seem, appear) kelihatannya

look after mengawasi; menjaga

look at, see lihat, melihat

look for cari, mencari

look like mirip

look out! awas!

look up (find in book) cari

loose (not in packet) lepas

loose (wobbly) tidak erat; longgar

lose (be defeated) kalah

lose (mislay) hilang; kehilangan

lose money rugi

lost (can't find way) kesasar; tersesat

lost (missing) hilang

lost property (box) pengambilan barang hilang

lots of yang banyak

lottery loteri

loud keras

love cinta; rasa sayang

love, to mencintai

lovely (person) baik

lovely (thing) bagus

low rendah

luck untung

lucky beruntung

luggage kopor; bagasi

lunch (midday meal) makan siang

lunch, to eat makan siang

lungs paru-paru

luxurious mewah

M

machine mesin

machinery mesin-mesin

madam (term of address) nyonya

magazine majalah

mail (post) surat

mail, to kirim surat, mengirim surat

main (most important) paling utama; paling penting

mainly sebagian besar

major (important) penting; utama

make, to buat, membuat; bikin, membikin

make do mencukupkan

make up (a story, lie) mengarang; bohong

Malaysia Malaysia

Malaysian orang Malaysia

male laki-laki

man (human being) orang

man (male person) pria; laki-laki

manage (succeed) berhasil; sukses

manager pemimpin; bos

mango mangga

manufacture, to buatkan, produksikan

many banyak

map peta

March Maret

margarine mentega

market pasar

married kawin; nikah

marry (get married) menikah

mask topeng

massage pijat

massage, to memijat

mat tikar

match (game) pertandingan

matches korek api

material (ingredient) bahan

matter (issue) soal; hal

matter, it doesn't tidak apa-apa; tidak masalah

mattress kasur

May Mei

may boleh

maybe mungkin

mean (cruel) kejam; bengis

mean (intend) bermaksud

mean (word) berarti

meaning arti; maksud

M

meanwhile sementara itu
measure, to ukur, mengukur
measure out mengukur
measurement ukuran
meat daging
meatball bakso
medical medis
medicine obat
meet, to bertemu, ketemu; jumpa, berjumpa, menjumpai
meeting pertemuan; rapat
melon semanggka
member anggota
memories kenang-kenangan
mend, to perbaiki, memperbaiki
menstruate, to haid; datang bulan
mention, to menyebutkan
menu daftar makanan
merely cuma; hanya
mess, in a berantakan
message pesan
metal logam; besi
method cara
meticulous teliti
midday tengah hari
middle (center) tengah
middle: be in the middle of doing sedang
midnight tengah malam
mild (not severe) ringan; sedikit
mild (not spicy) tidak pedas
milk susu
million juta
mind (brain) otak
mind, to (be displeased) keberatan
minibus colt; dihatsu; carry; bemo
minor (not important) hal kecil; masalah kecil
minus kurang
minute menit
mirror kaca; cermin

misfortune kemalangan; kesialan
miss, to (bus, flight) ketinggalan
miss, to (loved one) rindu
missing (absent) tidak hadir
missing (lost person) hilang
mist kabut
mistake kesalahan
mistaken kesalahan
misunderstanding salah paham
mix, to campur, mencampur
mixed campur
mobile phone telepon gengam
modern moderen
modest (simple) sederhana
moment (instant) saat
moment (in a moment, just a moment) sebentar
Monday Senin
money uang; duit
monkey monyet; kera
month bulan
monument tugu
moon bulan
more (comparative) lebih
more of (things) lagi; lebih banyak
more or less kurang lebih
morning pagi
mosque mesjid
mosquito nyamuk
most (superlative) paling
most (the most of) paling banyak; terbanyak
most: at most paling-paling
mostly umumnya
moth ngengat
mother ibu
mother-in-law mertua perempuan
motor (engine) mesin
motor vehicle mobil; kendaraan
motorcycle motor; sepeda motor

mountain gunung
mouse tikus
moustache kumis
mouth mulut
move, to gerak, bergerak
move from one place to another pindah, memindahkan
movement (motion) gerakan
movie film
movie house bioskop
much banyak
muscle otot
mushroom jamur
music musik
Muslim penganut Islam; Muslim
must harus; mesti
my saya; punya saya
myth dongeng

N

nail (finger, toe) kuku
nail (spike) paku
naked telanjang
name nama
narrow sempit
nation (country) negeri
national negara
nationality kebangsaan
natural alamiah
nature alam
naughty nakal
nearby dekat
nearly hampir
neat (orderly) rapi; teratur
necessary harus; mesti
neck leher
necklace kalung
necktie dasi
need keperluan; kebutuhan
need, to perlu; butuh
needle jarum
neighbor tetangga
neither tak ada

neither...nor baik...maupun
nephew keponakan laki-laki
nest sarang
net jaring
network jaringan
never tidak pernah
never mind! tidak apa-apa!
nevertheless namun
new baru
New Zealand Selianda Baru
news kabar; khabar
newspaper surat kabar; koran
next (in line, sequence) berikut
next to di samping; di sebelah
next week minggu depan
next year tahun depan
nice (food) enak
nice (object) bagus
nice (person) baik
niece keponakan perempuan
night malam
nightclothes, nightdress baju tidur
nightly tiap malam
nine sembilan
nineteen sembilan belas
ninety sembilan puluh
no, not (with nouns) bukan
no, not (with verbs and adjectives) tidak
nobody tidak seorangpun
noise bunyi
noisy bising
nonsense omong kosong
non-stop langsung
noodles mie
noon siang
nor baik...maupun...tidak
normal biasa
normally biasanya
north utara
north-east timurlaut
north-west baratlaut
nose hidung

N

nostril lubang hidung
not tidak; bukan
not only...but also
  baik...maupun
not yet belum
note (currency) uang kertas
note (written) pesan
note down catat, mencatat
notebook buku catatan
nothing tidak ada apa-apa
notice pengumuman
notice, to memperhatikan
novel roman
November Nopember
now sekarang
nowadays pada waktu
  sekarang
nowhere tidak dimanapun
nude telanjang
numb tidak terasa; kesemutan
number nomor
nylon nilon

O

o'clock jam; pukul
obedient patuh; nurut
obey, to turut, menurut
object (thing) benda; barang;
  obyek
object, to (protest) menolak
occasionally kadang-kadang
occupation pekerjaan
ocean laut; samudra
October Oktober
odor (bad smell) bau
of (from) dari
of course memang
off (gone bad) busuk
off (turned off) mati
off: to turn something off
  mematikan
offend, to menyakitkan hati;
  menyinggung perasaan
offer, to (suggest)
  menawarkan

offering tawaran; sajian
office kantor
official (formal) resmi
officials (government)
  pejabat
often sering
oil minyak
okay (yes, uninjured) okay;
  baik
old (person) tua
old (thing) lama; tua
olden times, in pada jaman
  dulu
older brother or sister kakak
on (at) di
on (date) pada
on (turned on) nyala; hidup;
  jalan
on: to turn something on
  hidupkan; nyalakan; jalankan
on board sudah naik
on fire terbakar
on foot jalan kaki
on the way di jalan
on the whole rata-rata; pada
  umumnya
on time tepat waktu
once sekali
one satu; se-
one-way ticket karcis untuk
  satu arah saja
one who (the one which)
  yang
onion bawang
only saja; cuma; hanya
open buka; terbuka
open, to membuka
opinion pendapat
opponent pelawan
opportunity kesempatan
oppose, to melawan
opposed (in opposition)
  berlawanan; bertentangan
opposite (contrary) malah;
  justru
opposite (facing) menghadap;
  di muka; di depan

ENGLISH—INDONESIAN

P

optional boleh memilih
or atau
orange (citrus) jeruk
orange (color) jingga
order (command) perintah
order (placed for food, goods) pesanan
order (sequence) urutan
order, to (command) perintah, memerintah
order something, to pesan, memesan
orderly (organized) teratur; rapi
organize, to (arrange) mengatur; mengurus; menyelenggarakan
origin asal
original asli
originate, to (come from) berasal dari
ornament hiasan
other lain
ought to seharusnya
our (excludes the one addressed) kami
our (includes the one addressed) kita
out luar
outside luar; di luar
outside of di luar
oval (shape) jorong
over (finished) selesai
over there di sana; di situ
over: to turn something over balik
overcast (cloudy) mendung
overcome, to mengatasi
overseas luar negeri
overturned terbalik
owe, to punya hutang
own (personal) milik pribadi
own, on one's sendirian
own, to memiliki; mempunyai
oyster tiram

P

pack, to membungkus
package bungkus; paket
page halaman
paid lunas
pain perasaan sakit
painful sakit
paint cat
paint, to (a painting) melukis
paint, to (houses, furniture) cat, mengecat
painting lukisan
pair of, a sepasang
pajamas piyama
palace (Balinese) puri
palace (Javanese) kraton
pan panci
panorama pemandangan
panties celana dalam
pants celana
paper kertas
parcel paket
pardon me? (what did you say?) kenapa?; apa?; bilang apa?
parents orang tua
park taman
park, to (car) parkir
part (not whole) bagian
part (spare) serap
participate, to ikut, mengikuti
particularly (especially) khususnya
partly sebagian
partner (in business) kompanyon
partner (in life, female) isteri
partner (in life, male) suami
party (event) pesta
party (political) partai
pass, to (exam) lulus
pass, to (go past) lewati
passenger penumpang
passport paspor
past: go past lewat
past (former) mantan

P

patient (calm) sabar
patient (doctor's) pasien
pattern (design) pola
patterned berpola
pawpaw papaya
pay, to bayar, membayar
pay attention perhatikan,
  memperhatikan
payment pembayaran
peace perdamaian
peaceful damai
peak (summit) puncak
peanut kacang tanah
pearl mutiara
peas kacang peas
peel, to kupas, mengupas
pen pena
pencil pensil
penis kemaluan laki-laki
people rakyat
pepper (black) merica; lada
pepper (chili) lombok; cabé
percent persen
percentage persentase
performance pertunjukan
perfume parfum
perhaps (maybe) mungkin
perhaps (probably)
  barangkali
period (end of a sentence)
  detik
period (menstrual) haid;
  datang bulan
period (of time) jangka waktu,
  masa waktu
permanent tetap
permit (license) ijin
permit, to (allow) mengijinkan
person orang
personality watak
perspire, to keringat,
  berkeringat
pet animal binatang peliharaan
petrol bensin
petrol station pompa bensin
pharmacy (drugstore) apotik
Philippines Pilipina

photocopy photocopy
photocopy, to memphotocopy
photograph foto
photograph, to memoto;
  memotret
pick, to (choose) pilih,
  memilih
pick up (someone) jemput,
  menjemput
pick up, lift (something)
  angkat, mengangkat
pickpocket pencopet
pickpocket, to copet,
  mencopet
picture gambar
piece (item) barang
piece (portion, section)
  bagian
pierce, to (penetrate) tembus,
  menembus
pig babi
pillow bantal
pills pil
pineapple nanas
pink merah mudah
pitcher (jug) kendi
pity: what a pity! sayanglah!
place tempat
place, to (put) taruh;
  tempatkan, menempatkan
plain (level ground) tanah
  datar
plain (not fancy) polos;
  sederhana
plan, to rencana,
  merencanakan
plane pesawat; kapal terbang
plant tanaman
plant, to tanam, menanam
plastic plastik
plate piring
play, to main, memain
play around main-main
plead, to memohon
pleasant menyenangkan
please (go ahead) silahkan;
  mari

please (request for help) tolong
please (request for something) minta
pleased senang
plug (bath) tutupan
plug (electric) colokan listrik
plus tambah
pocket kantong; saku
point (dot) detik
point (in time) saat
point out menunjuk
poison racun
poisonous beracun
police, police officer polisi
polish, to semir, menyemir
polite sopan
politics politik
poor miskin
popular populer
pork daging babi
port pelabuan
portion (of food) porsi
possess, to memiliki; mempunyai
possessions barang milik
possible, possibly mungkin
post (column) tiang
post, to (mail) kirim, mengirim
post office kantor pos
postcard kartupos
postpone, to tunda, menunda
postponed (delayed) tertunda, ditunda
potato kentang
poultry ayam
pour, to tuangkan, menuangkan
power kuasa; kekuasaan; kekuatan
powerful berkuasa; kuat
practice latihan
practice, to berlatih, melatih
praise, to pujian, memuji
prawn udang
pray, to berdoa; sembahyang

prayer doa
prefer, to lebih suka
pregnant hamil
prepare, to (make ready) siapkan
prepared (ready) siap
prescription resep
present (gift) kado
present (here) hadir
present, to beri, memberi
presently (nowadays) sekarang; kini
present moment, at the pada saat ini, sekarang
president presiden
press (journalism) pers
press, to tekan, menekan
pressure tekanan
pretend, to pura-pura, berpura-pura
pretty (considerably, very) agak, sangat
pretty (thing, place) indah
pretty (woman) cantik
prevent, to mencegah
price harga
pride rasa harga diri
priest pendeta
print, to mencetak
prison penjara
private pribadi
probably barangkali
problem masalah
produce, to buat; menghasilkan; memproduksikan
profession pekerjaan
profit untung
program (schedule) acara
promise, to janji, berjanji
pronounce, to mengucapkan
proof bukti
property tanah milik
protest, to mengeluh; memprotes
proud bangga
prove, to membuktikan

P

public umum
publish, to menerbitkan
pull, to tarik, menarik
pump pompa
punctual tepat pada waktu
pupil murid; siswa
pure sempurna
purple unggu
purse (for money) tas
push, to dorong, mendorong
put, to (place) taruh, menaruh
put off (delay) menunda
put on (clothes) pakai
puzzled bingung
pyjamas pajamas

Q

qualification kwalifikasi
quarter seperempat
queen ratu
question pertanyaan
queue (line, to line up) antrian
quick cepat
quickly dengan cepat
quiet sepi
quite (fairly) agak
quite (very) sangat

R

radio radio
rail: by rail naik kereta api
railroad, railway rel kereta api
rain, to rain hujan
raise, to (children) mengasuh
raise, to (lift) angkat
rank (station in life) pangkat
ranking urutan
rare (scarce) langka
rare (uncooked) mentah
rarely (seldom) jarang
rat tikus; wirok

rate (tariff) tarip; ongkos
rate of exchange (for foreign currency) kurs
rather (fairly) agak
rather than daripada
raw (uncooked, rare) mentah
reach (get to) sampai; mencapai
react, to menanggapi
reaction (response) tanggapan
read, to baca, membaca
ready siap
ready, to get bersiap
ready, to make siapkan, menyiapkan
realize (be aware of) sadari, menyadari
really (in fact) kebetulan
really (very) amat; sangat; sekali
really? masa?
rear (tail) buntut
reason alasan
reasonable (price) layak
reasonable (sensible) bijaksana
receipt nota
receive, to terima, menerima
recipe resep
recognize, to kenal, mengenal
recommend, to menganjurkan
recovered (cured) sembuh
rectangle empat persegi panjang
red merah
reduce, to kurangi, mengurangi
reduction penurunan; pengurangan
reflect, to mencerminkan
refrigerator kulkas
refusal penolakan
refuse, to tolak, menolak
regarding terhadap; mengenai

R

region daerah
register, to daftar, mendaftar
registered post pos tercatat
regret, to menyesal
regrettably dengan sesal
regular (normal) biasa
relatives (family) keluarga; saudara
relax, to santai, bersantai
release, to lepas, melepaskan
religion agama
remainder (leftover) sisa
remains (historical) peninggalan
remember, to ingat
remind, to mengingatkan
rent, to sewa, menyewa
rent out sewakan, menyewakan
repair, to membetulkan; perbaikan, memperbaiki
repeat, to ulang, mengulangi
replace, to ganti, mengganti
reply (response) balasan, jawaban
reply, to (in speech) menjawab
reply, to (in writing or deeds) membalas
report laporan
report, to lapor, melapor
reporter wartawan
request, to (formally) mohon, memohon
request, to (informally) minta
rescue, to menyelamatkan
research penelitian
research, to selidiki, menyelidiki
resemble, to mirip
reservation reservasi; pesanan
reserve (for animals) cagar alam
reserve, to (ask for in advance) pesan dulu
resident (inhabitant) penduduk

resolve, to (a problem) mengatasi; membereskan
respect hormat
respect, to menghormati
respond (react) menanggapi
response (reaction) tanggapan
responsibility kewajiban
responsible, to be bertanggung jawab
rest (remainder) sisa
rest, to (relax) istirahat
restaurant restoran; rumah makan
restrain, to tahan, tahankan
restroom kamar kecil
result akibat; hasil
resulting from disebabkan oleh; karena
retired pensiunan
return (give back) mengembalikan
return (go back) kembali; balik
return home, to pulang
return ticket karcis pulang
reveal (make known) mengumumkan
reveal (make visible) menampakkan
reverse, to (back up) mundur
reversed (backwards) terbalik
ribbon pita
rice (cooked) nasi
rice (plant) padi
rice (uncooked grains) beras
rice fields sawah
rich kaya
rid: get rid of membuang; menghilangkan
ride, to ride (transport, animal) naik
right (correct) betul; benar
right (hand side) kanan
right now sekarang juga

R

rights hak
ring (jewelry) cincin
ring, to (bell) bunyikan
ring, to (on the telephone) menelepon
ripe matang; masak
rise, to (ascend) naik
rise, to (increase) naik
rival lawan
river kali; sungai
road jalan
roasted (grilled, toasted) bakar; panggang
rock batu
role peranan
roof atap
room (in building) kamar
room (space) tempat
root (of plant) akar
rope tali
rotten busuk
rough kasar
roughly (approximately) kira-kira; kurang-lebih
round (around) berkeliling
round (shape) bulat
rubber karet
rude tidak sopan; kasar
rules aturan
run, to lari
run away melarikan diri

S

sacred keramat
sacrifice, to korban, mengorbankan
sad sedih
safe selamat
sail, to berlayar
salary gaji
sale, for untuk dijual
sale (reduced prices) obral
sales assistant pelayan toko
salt garam
salty asin

same sama
sample contoh
sand pasir
sandals sandal; selop
satisfied puas
satisfy, to memuaskan
Saturday Sabtu
sauce saos
sauce (chili) sambal
save, to (keep) simpan
save money (on a purchase) menghemat
say, to berkata, mengatakan
say goodbye sampai nanti; mari
say hello dari mana; mau ke mana
say sorry minta maaf
say thank you terima kasih; mengucapkan terima kasih
scales timbangan
scarce langka
scared takut
scenery pemandangan
schedule jadwal
school sekolah
schoolchild murid; siswa
science ilmu pengetahuan
scissors gunting
Scotland Skotlandia
Scottish orang Skotlandia
screen (of computer) layar komputer
scrub, to gosok, menggosok
sculpt, to pahat, memahat
sculpture patung
sea laut
seafood makanan hasil laut
search for cari, mencari
season musim
seat tempat duduk
second kedua
secret rahasia
secret, to keep a rahasiakan
secretary sekretaris
secure (safe) aman; selamat
see, to lihat, melihat

S

see you later! sampai nanti!;
sampai berjumpa lagi!
seed biji
seek, to cari, mencari
seem, to rupa-rupanya
seldom jarang
select, to pilih, memilih
self diri; sendiri
sell, to jual, menjual
send, to kirim, mengirim
sensible bijaksana
sentence kalimat
separate terpisah
separate, to pisah,
memisahkan
September September
sequence (order) urutan
serious (not funny) serius
serious (severe) parah
servant pelayan; pembantu
serve, to melayani
service pelayanan
sesame oil minyak wijen
sesame seeds biji wijen
set (of items) perangkat
seven tujuh
seventeen tujuh belas
seventy tujuh puluh
several beberapa
severe parah
sew, to jahit, menjahit
sex (gender) kelamin
sex (sexual activity) seks
shack pondok; gubug
shade teduh
shadow bayang
shadow play wayang kulit
shake, to goyang, bergoyang
shake something, to kocok,
mengocok
shall (will) akan
shallow dangkal
shame (disgrace) rasa malu
shame: what a shame!
sayanglah!
shampoo shampoo
shape bentuk

shape, to (form) membentuk
shark ikan hiu
sharp tajam
shave, to cukur, mencukur
she dia
sheep domba
sheet (for bed) seprei
sheet (of paper) sehelai
ship kapal
shiny berkilat
shirt baju; kemeja
shiver, to gigil, menggigil
shoes sepatu
shoot, to tembak, menembak
shop (go shopping) belanja,
berbelanja
shop (store) toko
shopkeeper pemilik toko
short (concise) ringkas;
pendek
short (not tall) pendek
short time (a moment)
sebentar
shorts (short trousers)
celana pendek
shorts (underpants) celana
dalam
shoulder bahu
shout, to teriak, berteriak
show (broadcast) siaran
show (live performance)
pertunjukan
show, to menunjukkan;
memperlihatkan
shower (for washing) shower;
tempat mandi
shower (of rain) hujan
shower, to take a mandi
shrimp (prawn) udang
shut, to tutup, menutupi
sibling (older) kakak
sibling (younger) adik
sick (ill) sakit
sick, to be (vomit) muntah
side samping
sightseeing bertamaysa
sambil melihat-lihat

S

sign (symbol) tanda; petunjuk

sign, to tanda tangani, menanda tangani

signature tanda tangan

signboard papan; reklame

silent diam; sepi

silk sutera

silver perak

similar mirip

simple (easy) gampang; mudah

simple (uncomplicated, modest) sederhana

since sejak

sing, to nyanyi, bernyani

Singapore Singapura

single (not married) bujangan

single (only one) satu-satunya

sir (term of address) tuan

sister saudara

sister-in-law ipar

sit, sit down duduk

situated, to be terletak

situation (how things are) keadaan

six enam

sixteen enam belas

sixty enam puluh

size ukuran

skewer tusuk

skilful pandai

skin kulit

skirt rok bawahan

sky langit

sleep, to tidur

sleepy ngantuk

slender langsing; kurus

slight, slightly sedikit

slim langsing; kurus

slip (petticoat, underskirt) rok dalam

slippers selop

slope lerengan

slow pelan; lambat

slowly pelan-pelan

small kecil

smart pandai; pintar

smell (bad odor) bau

smell, to cium, mencium

smile, to senyum, bersenyum

smoke asap

smoke, to (tobacco) rokok, merokok

smooth (surface) rata

smooth (unproblematic) lancar

smuggle, to selundupi, menyelundupi

snake ular

sneeze, to bersin

snow, to salju

snowpeas kapri

soak, to rendam, merendam

soap sabun

soccer sepakbola

socket (electric) stopkontak

socks kaus kaki

sofa (couch) dipan

soft empuk; lunak

sold terjual; laku

sold out habis

soldier prajurit

sole (only) tunggal; satu-satunya

solid padat

solve, to (a problem) menyelesaikan; membereskan

some beberapa

somebody, someone seseorang

something sesuatu

sometimes kadang-kadang

somewhere sesuatu tempat

son anak laki-laki

son-in-law menantu

song lagu

soon segera

sore (painful) sakit
sorrow dukacita
sorry (to feel regretful) menyesal
sorry! ma'af!
sort (type) macam; jenis
sort out (deal with) membereskan; menangani
so that agar; supaya
sound (noise) bunyi
soup (clear) sop; kuah
soup (spicy stew) soto
sour asam; kecut
source sumber
south selatan
south-east tenggara
south-west barat-daya
souvenir kenang-kenangan; oleh-oleh
soy sauce (salty) kecap asin
soy sauce (sweet) kecap manis
space tempat
spacious luas; lapang
speak, to bicara; omong
special khusus; istimewa
spectacles kacamata
speech pidato
speech, to make a berpidato
speed kecepatan; laju
spell, to mengeja
spend, to keluarkan, mengeluarkan
spices rempah-rempah
spicy pedas
spinach bayam; kangkung
spine tulang belakang
spiral spiral
spirits (hard liquor) alkohol; arak
spoiled (does not work) rusak
spoiled (food) busuk
spoon sendok
sponge sepon
sports olahraga

spotted (pattern) berbintik-bintik
spray, to semprot, menyemprot
spring (metal part) per; pegas
spring (of water) mata air; sumber
spring (season) musim semi
square (shape) persegi
square (town square) alun-alun; padang
squid cumi-cumi; sontong
staff karyawan; pegawai
stain noda
stairs tangga
stall (of vendor) warung
stall, to (car) mogok
stamp (ink) cap
stamp (postage) perangko
stand, stand up berdiri
star bintang
start (beginning) permulaan
start, to mulai, memulai
stationery alat tulis
statue patung
stay, to (remain) tinggal; berdiam
stay overnight menginap
steal, to curi, mencuri
steam uap
steamed kukus
steel baja
steer, to menyetir
step langkah
steps (stairs) tangga
stick (pole) batang
stick out tonjol, menonjol
stick to melekat; menempel
sticky lengket
sticky rice beras ketan
stiff kaku
still (even now) masih
still (quiet) sepi; sunyi
stink, to bau, berbau
stomach (belly) perut
stone batu
stoop sepi

S

stop (bus) tempat perhentian bus

stop (train) setasiun kereta api

stop, to (cease) berhenti; selesai

stop, to (halt) berhenti

stop by (pay a visit) mampir

stop it! jangan begitu!

store (shop) toko

store, to simpan, menyimpan

storm angin topan

story (of a building) lantai; tingkat

story (tale) cerita

stout (person) gemuk; gagah

stove (cooker) kompor

straight (not crooked) lurus

straight ahead terus; lurus

strait selat

strange aneh

stranger orang asing; orang luar

street jalan

strength kekuatan

strict ketat

strike, to go on mogok kerja

strike, to (hit) pukul, memukul

string tali

striped bergaris-garis

strong kuat

stubborn (determined) nekad; ngotot

stuck (won't move) terperangkap

student (school) murid; siswa

student (university) mahasiswa

study, to belajar

stupid bodoh

style gaya

succeed, to berhasil

success keberhasilan

such (like that) seperti itu

such (quantity) sungguh; amat; sangat

such as (for example) misalnya; umpamanya

suck, to isap, mengisap

suddenly tiba-tiba

suffer, to sengsara, menderita

suffering kesengsaraan; penderitaan

sugar gula

sugarcane tebu

suggest, to mengusul; sarankan

suggestion usul; saran

suit (clothes) setelan pakaian

suitable (fitting, compatible) cocok

suitcase kopor

summer musim panas

summit (peak) puncak

sun matahari

Sunday Minggu; Ahad

sunlight sinar matahari

sunny cerah

sunrise matahari terbit

sunset matahari terbenam

supermarket waserda; toserba

supernatural power sakti

suppose, to kira, mengira

sure pasti

surf ombak

surface permukaan

surface mail pos biasa

surname nama keluarga

surprised heran; terkejut

surprising mengherankan

surroundings keadaan sekitar; keadaan sekeliling

survive, to selamat

suspect, to mencuriga; menduga; menyangka

suspicion kecurigaan

sweat keringat

ENGLISH—INDONESIAN

T

sweat, to berkeringat
sweep, to sapu, menyapu
sweet (dessert) manisan
sweet (taste) manis
sweet and sour asam manis
sweetcorn jagung manis
sweets (candy) gula-gula; permen
swim, to berenang
swimming costume pakaian renang
swimming pool kolam renang
swing, to ayunan; goyang, bergoyang
switch tombol
switch, to (change) ganti, mengganti
switch on pasang, memasang; nyalakan; hidupkan

T

table meja
tablecloth taplak meja
tablemat sarapan piring untuk meja makan
tablets tablet; pil
tail ekor; buntut
take, to (remove) ambil, mengambil
take care of rawat, merawat
take off (clothes) lepas; buka
talk, to bicara, berbicara
talk about membicarakan
tall tinggi
tame jinak
Taoism agama Tao
tape (adhesive) isolatif; plester
tape recording rekaman
taste rasa
taste, to (salty, spicy) rasanya

taste, to (sample) cicip(i), mencicip(i)
tasty enak
taxi taksi; taxi
tea teh
teach, to ajar, mengajar
teacher guru
team regu
tear, to (rip) sobek, menyobek
tears tetes air mata
teenager remaja
teeshirt kaus
teeth gigi
telephone telepon
telephone number nomor telepon
television televisi
tell, to (a story) menceritakan
tell, to (let know) beritahu; kasih tahu
temperature suhu
temple (ancient) candi
temple (Balinese-Hindu) pura
temple (Chinese) klenteng
temple (Indian) kuil
temporary sementara
ten sepuluh
ten thousand sepuluh ribu
tendon urat
tennis tenis
tens of (multiples of ten) puluhan
tense tegang
terrible (situation) buruk sekali
test ujian
test, to uji, menguji
testicles buah pelir; biji kemaluan
Thai orang Thai; orang Muang thai
Thailand Thailand; Muang thai
than daripada
thank, to mengucapkan terima kasih

T

thank you terima kasih
that (introducing a quotation)
bahwa
that (those) itu
that (which, the one who)
yang
theater (drama) dunia
sandiwara
their punya mereka
then lalu; kemudian;
lantas
there (out of sight) di sana
there (within sight) di situ
there is, there are ada
therefore jadi; oleh karena itu
they mereka
thick (of liquids) kental
thick (of things) tebal
thief pencuri
thigh paha
thin (of liquids) encer
thin (of persons) kurus
thing barang; benda
think (have an opinion)
berpendapat
think (ponder) pikir,
berpikir
third ketiga
thirsty haus
thirteen tiga belas
thirty tiga puluh
this ini
though meskipun; walaupun
thoughts pikiran
thousand ribu
thread benang
threaten, to ancam,
mengancam
three tiga
throat tenggorokan
through (past) lewat;
melalui
throw, to lempar, melempar
throw away buang
thunder gemuruh; petir
Thursday Kamis
thus, so begini; begitu;

demikian
ticket karcis
tidy rapi
tidy up merapikan
tie (necktie) dasi
tie, to tali; mengikat
tiger macan
time waktu
time: from time to time
sewaktu-waktu
times (multiplying) kali
timetable jadwal
tiny kecil sekali
tip (end) ujung
tip (gratuity) hadiah; persen
tired (sleepy) ngantuk
tired (worn out) capai
title (of book, film) judul
title (of person) gelar
to, toward (a person)
kepada
to, toward (a place) ke
today hari ini
toe(s) jari kaki
tofu tahu
together bersama-sama;
sekalian
toilet kamar kecil
tomato tomat
tomorrow besok
tongue lidah
tonight nanti malam
too (also) juga
too (excessive) terlalu
too much terlalu banyak
tool (utensil, instrument)
alat
tooth gigi
toothbrush sikat gigi
toothpaste pasta gigi
top atas
topic hal; topik
torch (flashlight) lampu senter
total jumlah
touch, to sentuh, menyentuh
tourist turis; pariwisatawan
toward menuju

towel handuk
tower menara
town kota
trade (business) perdagangan
trade, to (exchange) tukar, menukar
traditional tradisionil
traffic lalu-lintas
train kereta api
train station setasiun kereta api
training latihan
translate, to menerjemahkan
travel, to berjalan-jalan
traveler wisatawan; orang yang suka berjalan-jalan
tray penampan
treat (something special) yang menyenangkan
treat, to (behave towards) perlakukan, memperlakukan
treat, to (medically) rawat, merawat
tree pohon
triangle segitiga
tribe suku
trip (journey) perjalanan
troops pasukan
trouble kesusahan
troublesome susah; repot
trousers celana panjang
truck truk
true benar; betul
truly bersungguh-sungguh
trust, to percaya
try, to coba, mencoba
try on (clothes) mencoba memakai; ngepaskan
Tuesday Selasa
turn, to (make a turn) belok, membelok
turn around putar, berputar
turn off mematikan
turn on nyalakan; pasang
turtle (land) kura-kura
turtle (sea) penyu
TV televisi

twelve dua belas
twenty dua puluh
two dua
type (sort) macam; jenis
type, to ketik, mengetik
typhoon topan
typical (characteristic) khas

U

ugly jelek
umbrella payung
uncle paman; om
uncooked mentah
under di bawah
undergo, to (hardship) mengalami
undergo, to (repairs) menjalani
underpants celana dalam
undershirt kaus dalam
understand, to mengerti
underwear pakaian dalam
undressed, to get membuka baju; melepas baju
unemployed menganggur
unfortunately sayang
unhappy sedih; kurang senang
United Kingdom Persatuan Kerajaan (Inggris)
United States Amerika; Amerika Serikat
university universitas
unless kecuali
unlucky tidak beruntung
unnecessary tidak usah; tidak perlu
unripe muda; mentah
until sampai
up (upward) naik
upset (unhappy) sedih; kurang senang; kecewa; tersinggung; marah

U

upside down terbalik
upstairs atas; di atas
urban (area) kota
urban (characteristic) yang berkaitan dengan kota
urge, to (push for) mendesak
urgent mendesak
urinate, to kencing; buang air kecil
us (excludes the one addressed) kami
us (includes the one addressed) kita
use, to pakai, memakai; gunakan, menggunakan
used to (accustomed) sudah biasa; kebiasaan
used to do something dulunya; sebelumnya
useful guna; berguna
useless tidak berguna; sia-sia
usual biasa
usually biasanya; pada umumnya
uterus rahim

V

vacation libur; liburan
vaccination suntik
vagina kemaluan perempuan
vague tidak jelas
valid laku, berlaku
valley lembah
value (cost) harga
value (good) murah
value, to hargai, menghargai
vase jambangan bunga
VCR VCR; video
vegetable sayur
vegetables sayuran
vehicle kendaraan bermotor
very sangat; sekali; amat

vest (undershirt) kaus dalam; baju dalam
via melalui; lewat
video cassette kaset video
video recorder video
videotape, to memvideo
view (panorama) pemandangan
view, to (look at) memandang
village kampung; desa
vinegar cuka
visa visa
visit kunjungan
visit, to pay a berkunjung ke; mengunjungi
voice suara
volcano gunung api
vomit, to muntah
vote, to pilih, memilih; coblos

W

wages gaji
wait for tunggu, menunggu
waiter, waitress pelayan
wake someone up membangunkan
wake up bangun, membangun
Wales Inggris bagian Wales
walk, to jalan, berjalan
walking distance tidak juah bisa berjalan kaki ke sana
wall tembok; dinding
wallet dompet
want, to mau
war perang
war, to make berperang
warm hangat
warmth (personal characteristic) keramahan
warmth (temperature) kehangatan

warn, to memberi teguran
warning teguran
wash, to cuci, mencuci
wash the dishes cuci piring
watch (wristwatch) jam tangan
watch, to (look, see) lihat, melihat
watch, to (show, movie) menonton
watch over (guard) mengawasi; menjaga
water air
water buffalo kerbau
waterfall air terjun
watermelon semangka
wave (in sea) ombak
wave, to melambai
wax lilin
way (method) cara
way: by way of melalui
way in pintu masuk
way out pintu keluar
we (excludes the one addressed) kami
we (includes the one addressed) kita
weak lemah
wealthy kaya; mampu
weapon senjata
wear, to pakai, memakai
weary capai; lelah
weather cuaca
weave, to tenun, menenun
weaving tenunan
wedding perkawinan; pernikahan
Wednesday Rabu
week minggu
weekend akhir minggu
weekly tiap minggu
weep, to tangis, menangis
weigh, to timbang, menimbang
weigh out menimbangkan

weight berat
weight, to gain bertambah berat
weight, to lose menjadi lebih kurus
welcome: you are welcome! sama-sama! kembali!
welcome, to sambut, menyambut
well (good) baik
well (for water) sumur
well-behaved berkelakuan baik; tidak nakal
well-cooked matang
well done! wah bagus!; wah hebat!
well-mannered sopan; halus
well off (wealthy) kaya; mampu
Welsh orang Inggris dari bagian Wales
west barat
westerner orang barat
wet basah
what? apa?
what for? mengapa?; kenapa?; untuk apa?; buat apa?
what kind of? macam apa?
what time? jam berapa?
wheel roda
when? kapan?
when (at the time) waktu
whenever kapan saja
where? mana?
where to? ke mana?
which? yang mana?
while (during) sambil
white putih
who? siapa?
whole (all of) seluruh
whole (complete) utuh
why? kenapa?
wicked jahat
wide lebar

W

width kelebaran
widow, widowed janda
widower duda
wife isteri
wild liar
will (shall) mau; akan
win, to menang
wind (breeze) angin
window (for paying, buying tickets) loket
window (in house) jendela
wine anggur
wing sayap
winner pemenang; juara
winter musim dingin
wipe, to (blackboard) menghapus
wipe, to (hands, face) menyeka; menggosok
wipe, to (nose) membersihkan
wire kawat
wise bijaksana
wish, to ingin, berkeinginan
with dengan; sama; beserta
within reason asal tidak berat
without tanpa
witness saksi
witness, to saksikan, menyaksikan
woman perempuan
wonderful bagus sekali
wood kayu
wooden dari kayu
wool wol
word kata
work (occupation) pekerjaan
work, to (function) jalan, berjalan
work, to (labor) kerja, bekerja
world dunia
worn out (clothes, machine) butut

worn out (tired) capai; lelah
worry, to kuatir, menguatir
worse lebih parah; lebih jelek; lebih buruk
worship, to sembayang, bersembayang
worst paling buruk; paling jelek; paling parah
worth, to be berharga; bernilai
would akan; mau
wrap, to membungkus
wrist pergelangan tangan
write, to tulis, menulis; karang, mengarang
writer pengarang
wrong (false) salah
wrong (mistaken) salah; keliru
wrong (morally) tidak adil

Y

yawn menguap
year, years old tahun
yell, to teriak, berteriak
yellow kuning
yes ya
yesterday kemarin
yet: not yet belum
you (familiar, friend, same status) engkau; kamu
you (female) ibu
you (male) bapak
you (unfamilar, formal, polite) saudara, anda
you're welcome! kembali!; sama-sama!
young muda
younger brother or sister adik
youth (state of being young) peremajaan
youth (young person) remaja

Z

zero nul; kosong
zoo kebun binatang
zucchini (courgettes) zukin